Schriften

des

Vereins für Socialpolitik.

---

129. Band. Fünfter Teil.

Gemeindebetriebe.

Neuere Versuche und Erfahrungen über die Ausdehnung der kommunalen Tätigkeit in Deutschland und im Ausland.

Zweiter Band.

Fünfter Teil.

Leipzig,

Verlag von Duncker & Humblot.

1909.

Die Gemeindebetriebe
der Stadt
Freiburg im Breisgau.

Bearbeitet von

Dr. Jos. Ehrler,
Vorstand des Statistischen Amts der Stadt Freiburg.

Der Gemeindebetriebe zweiter Band. Fünfter Teil.

Im Auftrag des Vereins für Socialpolitik
herausgegeben von
Carl Johannes Fuchs.

Leipzig,
Verlag von Duncker & Humblot.
1909.

Altenburg
Pierersche Hofbuchdruckerei
Stephan Geibel & Co.

Inhaltsverzeichnis.

Erstes Kapitel.

Die Gemeindebetriebe der Stadt Freiburg i. Br.

1. Licht-, Kraft- und Wärmeversorgungsanstalten.

a) Die Gasanstalt[1].

In Freiburg ist die Gasbeleuchtung seit nahezu 60 Jahren eingeführt. Die erste Gasanstalt wurde von der badischen Gesellschaft für Gasbeleuchtung Spreng & Sonntag an der Günterstalstraße[2] gebaut und am 1. Dezember 1850 eröffnet. Die Stadtgemeinde unterstützte das Unternehmen mit einem Beitrag zu den Anlagekosten in Höhe von 70 000 Gulden, wofür die Gesellschaft das Werk und das Rohrnetz zu erstellen hatte, und übertrug dieser pachtweise den Betrieb der Anstalt. Der jährliche Pachtzins war derart steigend, daß das Anlagekapital bis zum Ablauf der Pachtzeit im Jahre 1884 getilgt werden konnte. Erweiterungen des Rohrnetzes hatte die Stadt, Vergrößerungen der Gasfabrik die Pächterin auszuführen; für letztere Arbeiten wurde seitens der Stadt bei der Übernahme des Werkes eine entsprechende Entschädigung geleistet.

In den Jahren 1883/84 errichtete die Stadt alsdann mit einem Gesamtaufwand von 880 707 Mk. eine neue Gasanstalt an jetziger Stelle (westlich der Eisenbahnstrecke Freiburg-Basel) in unmittelbarer Nähe der Dreisam und eröffnete dieselbe im Selbstbetrieb am 1. Oktober 1884; am gleichen Tage wurde die alte Fabrik geschlossen. Während diese in 24 Stunden höchstens 4000 cbm liefern konnte, war die neue Anlage auf eine Höchsterzeugung von 6000 cbm eingerichtet. Die erhebliche Erweiterung des Rohrnetzes, die Ermäßigung des Gaspreises von 26 auf 20 Pfg. für Leuchtgas und auf 16 Pfg. für Kraft- und Wärmegas, sowie die be-

---

[1] Vgl. den Abschnitt V: „Die Gasbeleuchtung" von W. Schnell in dem im Jahre 1898 erschienenen Werke: Freiburg im Breisgau, die Stadt und ihre Bauten S. 83. Weiter wurden die Jahresberichte des städtischen Gaswerks benützt.

[2] Auf dem Platze, wo jetzt die Johanneskirche steht.

deutende Vermehrung der Straßenlaternen steigerte aber den Gas=
verbrauch in den nächsten Jahren dermaßen, daß alsbald (1888) eine
wesentliche Vergrößerung vorgenommen werden mußte, welche die Leistungs=
fähigkeit auf 15 000 cbm erhöhte.

Das gedeihliche Wachstum der Stadt und die stetige Ausdehnung
des Rohrnetzes in den zahlreichen neu erschlossenen Baugebieten, die
weitere Herabsetzung des Preises für Wärme= und Kraftgas auf 14 Pfg.,
sowie das Ausmieten von Koch= und Heizapparaten hatten in den
letzten Jahrzehnten eine fortwährend erfreuliche, wenn auch in ihrer
Höhe (insbesondere seit der Inbetriebnahme des städtischen Elektrizitäts=
werks im Oktober 1901) schwankende Zunahme des Gasverbrauchs zur
Folge. In den Jahren 1899 bis 1901 erfuhr die Fabrik deshalb mit
einem Kostenaufwand von nahezu 600 000 Mk. wiederum eine beträchtliche
Erweiterung, welche ihre Leistungsfähigkeit verdoppelte.

Da ferner im Jahre 1903 die Stockung im Gasverbrauch, welche
durch die Konkurrenz des Elektrizitätswerks vorübergehend (etwa 1½ Jahre)
zu konstatieren war, einer aufsteigenden Entwicklung gewichen war, so
mußte sich die Stadtverwaltung alsbald zur Vornahme der letzten Fabrik=
vergrößerung entschließen, wofür der Bürgerausschuß in seiner Sitzung
vom 15. Juni 1905 die erhebliche Summe von 900 000 Mk. bewilligte,
welche im Verlauf der nächsten 10—12 Jahre für die nötigen Bau=
ausführungen verwendet werden sollen.

Das Werk wird nach diesem letzten vollständigen Ausbau, abgesehen
von einer Reihe von Verbesserungen, Vervollkommnungen und Erleichte=
rungen des Betriebs auf eine Gesamtleistungsfähigkeit von
täglich mindestens 45 000 cbm gehoben, wobei ein Teil der Mehr=
leistung durch Einführung der Wassergasproduktion erzielt wird.
Das Wassergas wird bekanntlich aus dem Nebenprodukt des Steinkohlen=
gases, nämlich aus dem Koks, durch Erhitzen und Einblasen von Wasser=
dampf erzeugt und stellt sich im wesentlichen als eine Mischung von
Wasserstoffgas und Kohlenoxydgas dar. Dieses Mischgas leuchtet an
und für sich nicht und entwickelt auch etwas weniger Wärme beim
Brennen als das gewöhnliche Gas; es darf daher, um das Steinkohlen=
gas nicht zu entwerten, dem letzteren nur in beschränktem Maße bei=
gefügt oder es muß durch die sogenannte Karburierung — Einbringen
von schweren Kohlenwasserstoffdämpfen — dem Leuchtgas gleichwertig ge=
macht werden.

Der Vorteil der Wassergasbereitung besteht für das Freiburger Gas=
werk außer der geringeren Bedienungsmannschaft hauptsächlich darin,

daß durch die Schaffung eines größeren Selbstverbrauchs der für die Stadtverwaltung bisweilen recht schwierige Vertrieb der Koks= vorräte wesentlich erleichtert wird. Eine weitere ganz bedeutende Ver= besserung des städtischen Gasbetriebs wird auch der im Jahre 1909 zu erstellende Neubau der alten Ofenbatterie nach dem Vertikalofen= system bringen, wofür der Bürgerausschuß in seiner Sitzung vom 15. Januar 1909 die erforderlichen Mittel in Höhe von 207 000 Mk. bewilligt hat. Die Vorteile des Vertikalofens liegen vorwiegend auf hygienischem Gebiet, weil dadurch der ganze Gasbetrieb unter Ent= lastung der menschlichen Arbeitskraft erleichtert und insbesondere hin= sichtlich der Entladung der heißen entgasten Kohlen weniger gesund= heitsgefährdend gestaltet, sowie der Stadtverwaltung die Ein= führung des von den Arbeitern schon längst gewünschten Drei= schichtensystems erleichtert wird, indem die dadurch entstehenden Mehr= kosten durch die Vorteile des Vertikalofens zum großen Teil wieder aus= geglichen werden.

Wenn die städtische Gasanstalt nach ihrem vollständigen Ausbau auf eine tägliche Produktion von 45 000 cbm gebracht sein wird, so können jährlich 9—10 Millionen Kubikmeter Gas erzeugt werden, ein Quantum, welches auch bei noch beträchtlich wachsendem Gaskonsum für Freiburg ausreichen dürfte, bis die Einwohnerzahl (gegenwärtig 81 500) die Großstadtgrenze einmal überschritten hat.

Die gesamten Baukosten des Gaswerks einschließlich Rohrnetz betrugen bis 1. Januar 1909 3 185 218 Mk. und die zu verzinsende Restschuld 2 109 994 Mk. An Betriebsüberschüssen wurden im Jahre 1908 im ganzen 563 300 Mk. erzielt, die sich folgendermaßen zu= sammensetzen:

Verzinsung der Restschuld	78 008 Mk.
Tilgung des Anlagekapitals	76 419 „
Überweisung an den Reservefonds	20 000 „
Reinerträgnis (zur Verfügung der Stadtkasse)	388 873 „
Zusammen	563 300 Mk.

Diese Überschüsse zusammen verzinsen das gesamte Anlagekapital mit 17,68 % (gegenüber 17,04 % im Jahre 1907 und 19,17 % im Jahre 1894) und die Restschuld mit 26,70 % (gegen 25,70 und 21,95 %); die Rein= erträgnisse (d. i. obige Ablieferung an die Stadtkasse und Überweisung an den Reservefonds) verzinsen jenes mit 12,84 % (gegen 12,29 und 14,03 %) und diese mit 19,38 % (gegen 18,53 und 16,07 %). Die ordent= liche Tilgungsquote des Baukapitals beträgt 1,25 und der Zinsfuß 4 %.

Gasverbrauch in der Stadt

Jahr	Privatbeleuchtung		Heiz-, Koch- und Motorengas		Öffentliche Gebäude und Anstalten	
	cbm	%	cbm	%	cbm	%
1885	800 742	**51,26**	25 709	**1,89**	177 987	13,20
1888	1 048 536	50,90	135 826	6,59	286 949	13,92
1891	1 065 826	45,52	192 418	8,22	346 488	14,80
1894	1 003 822	39,62	395 286	15,60	382 840	15,11
1897	1 127 369	37,27	729 088	24,10	430 733	14,24
1900	1 349 827	34,42	1 2*0 039	32,64	518 962	13,23
1903	1 423 376	31,25	1 824 051	40,05	527 816	11,59
1906	1 541 922	26,73	2 584 236	44,79	608 792	10,55
1908	1 540 767	**24,82**	3 114 711	**50,17**	525 189	8,46 *

* Diefer Rückgang rührt hauptfächlich daher, daß feit 1907 der ftaatliche

Der Reingewinn (Gefamtertrag ausfchließlich Verzinfung, ordentlicher und außerordentlicher Tilgung) beziffert fich von 1884 bis 1908 auf 5 440 113 Mk., worunter fich 312 600 Mk. Ablieferungen an den Referve= fonds befinden. Das Werk hat alfo neben Deckung der jährlichen Unter= haltungs- und Betriebsausgaben nicht nur die feftgefetzte Verzinfung und Tilgung und nach Maßgabe befonderer Einnahmen auch außerordentliche Tilgungen vollzogen, fondern der Reinertrag hat in diefen 24 Jahren tatfächlich die gefamten Anlagekoften aufgebracht (völlig abgefchrieben) und darüber hinaus noch 70,8 % oder — wenn man die Zufchüffe an den Refervefonds als für eigene Zwecke vorbehalten außer Betracht läßt — 64,12 % diefes Bauaufwandes bis heute der Stadt zur freien Verfügung geftellt. Der Refervefonds der Gasfabrik war Ende 1908 wieder auf 164 658 Mk. angewachfen; die Summe der bisherigen Verwendungen aus diefem Fonds beträgt 215 754 Mk.

Die vorftehende Zufammenftellung gibt in dreijährigen Zwifchen= räumen eine gedrängte Überficht über die Betriebsergebniffe des Gaswerks.

Die Gaserzeugung und =Abgabe erfolgt fowohl zur Straßenbeleuch= tung, als auch an ftädtifche, ftaatliche und andere öffentliche Gebäude, fowie in der Hauptfache an Private zu Leucht=, Heiz=, Koch= und tech= nifchen Zwecken. Für Luftballonfüllungen wurden im Jahre 1908: 5150 (0,07 %) und im Vorjahre 6780 (0,11 %) cbm Gas verkauft.

Wie die vorftehende Tabelle zeigt, hat der Verbrauch von Koch= und Heizgas in den letzten Jahren außerordentlich ftark (von 1,9 % im Jahre 1885 auf 50,17 % im Jahre 1908) zugenommen und macht gegenwärtig über die Hälfte der gefamten Gasabgabe aus. Der Ver=

Freiburg von 1885—1908.

Öffentliche Be=leuchtung		Selbstverbrauch		Verluste		Gasverbrauch im ganzen
cbm	%	cbm	%	cbm	%	
246 489	**17,39**	26 601	1,95	191 841	14,03	1 367 067
320 737	15,57	38 985	1,89	229 326	11,13	2 060 359
351 919	15,03	41 620	1,78	343 201	**14,66**	2 341 472
388 706	15,34	42 957	1,69	320 139	12,64	2 533 750
397 199	13,13	48 485	1,60	292 296	9,66	3 025 170
383 321	9,77	78 308	2,00	311 263	7,94	3 921 720
388 797	8,54	65 884	1,45	324 366	7,12	4 554 290
495 313	**8,59**	86 206	1,49	452 561	**7,85**	5 769 030
559 392	9,01	91 068	1,47	371 743	6,00	6 208 020

Hauptbahnhof durch eigene Elektrizität beleuchtet wird.

brauch von Motorengas ist dagegen, wie die Zahl der Gasmotoren selbst, infolge der Konkurrenz der Elektrizität in ständiger Abnahme begriffen. Der Motorenverbrauch, welcher von 15 809 cbm im Jahre 1885 auf 274 842 cbm im Jahre 1902 gestiegen war, ist im Jahre 1908 wieder auf 128 140 cbm (oder 2,06 %) gesunken, während die Motoren selbst von 104 mit insgesamt 379 Pferdekräften im Jahre 1901 auf 54 mit 219 Pferdestärken im Jahre 1908 zurückgegangen sind. Der Anteil der Privatbeleuchtung hat sich von 51,26 % um über die Hälfte auf 24,82 % und derjenige der öffentlichen Beleuchtung von 17,39 % auf 9,01 % vermindert, wogegen die Verluste gegen 14,03 % im Jahre 1885 jetzt nur noch 6 % ausmachen.

Die folgende Tabelle enthält eine kurze Zusammenstellung über die Zahl der Abnehmer, Gasmesser, Laternen und Gesamtmenge der vergasten Kohlen:

Jahr	Ab=nehmer	Gasmesser		Laternen		Vergaste Kohlen (Gaskohlen, Koks Karburiröl 2c.)
		überhaupt	davon Leuchtgasmesser	Zahl	Gas=verbrauch cbm	kg
1885	1 081	1 268	?	691	237 810	4 463 460
1888	1 364	1 643	?	806	320 737	6 480 265
1891	1 599	1 994	1 661	869	351 919	7 688 225
1894	1 856	2 610	1 807	921	388 706	7 729 200
1897	2 358	3 663	2 212	999	397 199	9 436 896
1900	3 563	5 575	2 901	1 128	383 321	12 667 708
1903	5 119	7 874	3 686	1 188	388 797	14 707 270
1906	7 169	11 548	4 870	1 402	495 313	18 356 440
1908	8 660	13 831	5 493	I 521	559 392	19 383 585

In neuester Zeit hat man auch Versuche mit sogenannten Münzgasmessern (Messer, die nur nach vorherigem Geldeinwurf Gas abgeben) gemacht, welche sich bisher recht gut bewährt haben. Sie werden in erster Linie bei säumigen oder unsicheren Zahlern aufgestellt, scheinen aber auch sonst bei den Abnehmern Anklang zu finden. Die mittlere Größe eines Gasmessers überhaupt beträgt 6,3 Flammen.

Die größte Tagesabgabe belief sich im Jahre 1908 auf 25 260 gegenüber 25 380 cbm im Vorjahre und 22 830 cbm im Jahre 1904. Der kleinste Tagesverbrauch dagegen ist von 9320 im Jahre 1906 auf 10 090 cbm in 1908 gestiegen. Die Schwankungen von einigen Hundert Kubikmetern hängen natürlich oft von Zufälligkeiten ab, sind hier aber typisch für den allmählich gleichmäßiger werdenden Gasverbrauch im Sommer und Winter, der durch die starke Zunahme des Kochgases sicht= lich Fortschritte macht.

An Nebenprodukten wurden gewonnen:

Jahr	Koks	Teer	Schwefelsaures Ammoniak	Cyanschlamm
	kg	kg	kg	kg
1885	—	324 300	—	—
1888	—	453 030	14 824	—
1891	—	480 507	14 012	—
1894	5 036 754	573 708	16 208	—
1897	6 126 913	601 503	37 823	—
1900	8 263 472	793 136	37 175	—
1903	9 487 670	903 353	57 930	58 670
1906	11 930 810	1 179 416	85 670	57 450
1908	12 304 855	1 168 745	77 310	67 480

Die gesamte Gaserzeugung betrug im Jahre 1908: 6 219 520 cbm und bestand aus 5 904 560 cbm Kohlen= und 314 960 cbm (5,07 %) Koksgas. Für die Fabrikation des Kohlengases wurden 19 152 500 kg Steinkohlen, hauptsächlich Saarkohlen, verwendet. Zur Koksgaserzeugung wurden 229 010 kg Stückkoks und 2075 kg Karburiröl verbraucht.

Der Preis des Gases wird vom Stadtrat festgesetzt. Das Leuchtgas kostet seit dem Jahre 1885: 20 Pfg., das Heizgas seit dem Jahre 1893: 14 Pfg. (früher 16 Pfg.) der Kubikmeter, wobei für ersteres bei Ab= nahme von mehr als 2000 cbm, für letzteres von mehr als 5000 cbm ein Rabatt von 1/2—3 bzw. 1/2—1 Pfg. nach einem Staffeltarif gewährt wird. Die Rohmaterialienpreise für Kohlen, Koks, Öl, Benzol usw. sind wie die Preise für die erzielten Nebenprodukte (Koks, Teer, Ammoniak usw.) von der jeweiligen Marktlage abhängig und in der letzten Zeit großen Schwankungen unterworfen. Es mußten im Jahresdurchschnitt bezahlt werden für 100 kg frei Lager:

	für Kohlen	Karburiröl und Benzol
1908	2,31 Mk.	K. 9,56 Mk.
1900	2,26 „	B. 24 20 „
1890	2,58 „	—
1885	1,83 „	

Die erzielten Verkaufsdurchschnittspreise für 100 kg stellten sich

		bei Koks	Teer	Ammoniak	Cyanschlamm
1908	auf	2,60 Mk.	2,10 Mk.	23,75 Mk.	3,71 Mk.
1900	„	2,59 „	2,47 „	21,48 „ (1903:	2,88) „
1895	„	2,29 „	3,04 „	17,97 „ erstmals	—
1890	„	2,59 „	3,27 „	23,27 „	—

Das Stadtrohrnetz hatte Ende 1908 eine Länge von 101 675 m und einen Gesamtinhalt von 1470 cbm gegenüber 67 779 m (806 cbm) im Jahre 1900 und 56 240 m (699 cbm) im Jahre 1895.

Das Installationsgeschäft des städtischen Gaswerks wurde früher in einem größeren und lohnenderen Umfang betrieben als heute, da zugunsten des hiesigen Installationsgewerbes und der Verkaufsgeschäfte im Jahre 1895 der Lüster= und Lampenverkauf, 1903 das Ausmieten von Apparaten und 1904 die Ausführung von Privatinstallationen auf= gegeben, sowie die Koch= und Heizapparate ausverkauft worden waren. Es beschränkt sich jetzt auf die Zuführung vom Hauptrohr bis zur Eigentumsgrenze (zu Selbstkosten=) und der Innenleitung bis mit zum Gasmesser (zu Installationspreisen); der Reingewinn ist daher in manchen Jahren nur ein ganz unbedeutender. Im Jahre 1908 waren im In= stallationsgeschäft zu verzeichnen: die Ausführung von 91 neuen und Auswechselung von 27 alten Zuleitungen wegen Unzulänglichkeit, Aufstellen von 1109 neuen Gasmessern und Umwechseln von 1033 Stück, teils wegen Reparatur oder Prüfung, teils wegen Umzug oder sonstigen Veränderungen bei den Abnehmern; nachgeprüft wurden 2309 Messer. Amtliche Prüfungen von neuen oder abgeänderten Hausleitungen waren 958 vorzunehmen.

Die Wirtschafts= und Rentabilitätsverhältnisse der städtischen Gasanstalt gelangen (ohne das Installationsgeschäft) in der nachstehenden Übersicht für die Zeit von 1885 bis 1908 zur Dar= stellung. (S. die Tabelle auf Seite 8/9.)

Die Zahl des ständigen Betriebs= und Verwaltungsperso= nals betrug Ende 1908: 28 und die der Lohnarbeiter 149. Das technische Personal besteht aus einem Direktor, dem zugleich auch die Leitung des Wasserwerks übertragen ist, 1 Ingenieur (technischen Assistenten), 1 Werkmeister, 1 Fabrikaufseher, 2 Gaskontrolleuren, je einem Lagermeister,

Wirtſchafts= und Rentabilitätsverhältniſſe

Jahr	Bau= kapital	Reſtſchuld abzüglich Amorti= ſation	Geſamt= ein= nahmen* des Betriebs	Davon aus		
				Gas	Gasmeſſer= miete	Neben= produkten
	Mk.	Mk.	Mk.	Mk.	Mk.	Mk.
1885	880 707	869 697	271 456	213 830	3 927	51 583
1888	1 213 181	1 163 980	424 743	331 531	6 821	71 673
1891	1 263 626	1 160 181	488 781	360 560	7 936	104 153
1894	1 312 702	1 146 492	512 875	384 966	9 698	109 327
1897	1 426 513	1 187 298	630 343	470 991	12 451	139 972
1900	2 041 434	1 587 658	828 332	609 768	17 212	190 510
1903	2 293 140	1 686 233	910 545	703 792	22 961	174 782
1906	2 710 257	1 800 664	1 209 711	870 006	34 748	293 970
1908	3 185 218	2 109 994	1 353 111	943 341	60 184**	337 396

* Ordentliche Einnahmen des laufenden Jahres (der Wirtſchaft), aber ohne Inſtallationsgeſchäft, Erdölbeleuchtung und Beiträge zu den Gehältern des Waſſerwerks.
** Seit 1. Nov. 1906 wird die Miete gleichmäßig für Leucht= und Heizgasmeſſer erhoben, während früher einige Jahre lang für letztere bei einem monatlichen Ver= brauch von mindeſtens 21 cbm die Miete erlaſſen wurde, was zu vielfachen Un= zuträglichkeiten bei Reiſen, Umzügen uſw. führte.

Magaziner, Beleuchtungsauffeher und einem nichtetatmäßigen Zeichner; dazu kommt noch ein vorübergehend angeſtellter Techniker. Die Ver= waltung, welcher zugleich die Führung der Kaſſe und Rechnung für das Waſſerwerk obliegt, wird beſorgt von einem Verwalter, dem 2 Kaſſen= buchhalter, 1 Sekretär, 3 Verwaltungsaſſiſtenten, 2 Verwaltungsgehilfen. 1 Gehilfin für Kurz= und Maſchinenſchrift, 1 Gasmeſſerableſer=Obmann, 2 Diener und 5 Geldeinzieher beigegeben ſind.

Von den 149 Arbeitern ſind 66 S t a d t =[1] und 83 Nicht=Stadt= arbeiter; unter jenen befinden ſich 18 gelernte und 48 ungelernte, unter dieſen 5 gelernte und 78 ungelernte Arbeiter. Um einem Stamm dauernd angeſtellter tüchtiger Arbeiter gute und billige Unterkunft zu gewähren, wurden ſchon im Jahre 1887 von der Stadtverwaltung in der Nähe der Gasanſtalt 3 Häuſer mit 15 zwei= und dreizimmerigen Wohnungen erſtellt, die zu einem mäßigen Mietpreis an die Gasarbeiter abgegeben werden und von ſolchen auch ſtets beſetzt ſind.

----

[1] Stadtarbeiter ſind (nach § 1 der Satzungen über die Rechtsverhältniſſe der Stadtarbeiter) diejenigen Perſonen, welche als ſolche durch ein ſtädtiſches Verwaltungs= amt vertragsmäßig angeſtellt ſind. Nach zehnjähriger Dienſtzeit und Vollendung des 30. Lebensjahres erhalten ſie im Falle der Arbeitsunfähigkeit einen Ruhelohn und im Falle des Todes die Hinterbliebenen Sterbe=, Witwen= und Waiſengeld.

des städtischen Gaswerks von 1885—1908.

Gesamt- ausgaben* des Werks	Davon entfallen auf persönlichen und sachlichen Aufwand		Überschuß ohne Installationsgeschäft	Davon Reingewinn**	Verzinsung der Restschuld in Prozenten
	der Verwaltung	des Betriebs			
Mk.	Mk.	Mk.	Mk.	Mk.	
136 601	15 814	120 787	134 855	85 962	9,88
229 429	20 472	208 957	195 314	146 825	12,61
284 050	21 411	262 639	204 731	139 044	11,99
277 609	19 375	258 034	235 266	203 751	17,77
313 712	19 920	293 792	316 631	247 365	20,83
441 503	28 333	413 170	386 829	297 055	18,71
513 659	38 644	475 015	396 886	296 380	17,58
736 607	60 896	675 711	473 104	371 183	20,61
831 371	68 732	762 638	521 829	408 873	10,38

* Ordentliche Ausgaben des laufenden Jahres (der Wirtschaft), aber ohne Erdölbeleuchtung, Gehaltsanteile des Wasserwerks und Ablieferungen (einschließlich Reservefonds) und ohne Erweiterungsbauten.
** einschließlich Ablieferung an den Reservefonds.

b) Das Elektrizitätswerk[1].

Das Elektrizitätswerk und die Straßenbahn sind die jüngsten Gewerbebetriebe der Stadt Freiburg. Wie in anderen Städten Deutschlands, so hatte sich auch hier gegen Ende des vorigen Jahrhunderts durch die zunehmende Zahl von elektrischen Einzelanlagen in Geschäfts- und Privathäusern sowie durch die an verschiedenen Orten auftauchenden Entwürfe von Blockstationen die Notwendigkeit der baldigen Errichtung eines städtischen Elektrizitätswerks ergeben.

Von bestimmendem Einfluß hierfür war in erster Linie auch das Licht- und Kraftbedürfnis der Universität. Verschiedene Institute derselben konnten nicht mehr länger warten und sahen sich gegebenenfalls zu selbständigem Vorgehen veranlaßt. Dazu kam das von Tag zu Tag fühlbarer hervortretende Bedürfnis nach einer allen Anforderungen entsprechenden städtischen Verkehrsanstalt, deren Antrieb naturgemäß gleichfalls mittels Elektrizität erfolgen sollte. Und als endlich auf eine im Frühjahr 1899 veranstalte Umfrage mehr als 20 000 Glühlampen angemeldet worden waren, konnte die Erbauung eines städtischen Elektrizitätswerks nicht mehr länger hinausgeschoben werden.

---

[1] Vgl. den gedruckten Baubericht des städtischen Elektrizitätswerks zu Freiburg i. Br., erstattet von Direktor Emil Eitner im Jahre 1903, und die gedruckten Jahresberichte des genannten Werks für die Jahre 1902 bis 1908.

Nach Bewilligung der erforderlichen Mittel durch den Bürgerausschuß wurde die Zentrale auf einem im Südwesten des Stadtgebietes gelegenen Grundstück an der Dreisam unterhalb des Gaswerks in den Jahren 1900—1901 mit einem Kostenaufwand von 2175000 Mk. erstellt und am 1. Oktober 1901 dem öffentlichen Betrieb übergeben.

Für die Anlage wurde das Gleichstrom=Dreileiter=System mit blankem Mittelleiter und 2×220 Volt Spannung gewählt. Es ergab sich dies aus dem Zweck der Anlage fast von selbst, da sie gleichzeitig dem **Bahn= betrieb** zu dienen und dazu noch ein Gebiet mit fast 3 km Halb= messer mit **Licht und Kraft** zu versorgen hatte.

Die Abgabe des elektrischen Stromes geschieht nur unter Benützung von Zählern, welche mietweise den Abnehmern überlassen werden. Der Preisberechnung wird die vom Zähler angezeigte Anzahl Kilowattstunden zugrunde gelegt. Der Grundpreis für eine Kilowatt= stunde beträgt:

1. Für Beleuchtungszwecke . . . . 60 Pf.
2. Für andere als Beleuchtungszwecke und für die Ladung von Akkumulatorenbatterien . . . . 20 „

Bei größerem jährlichen Verbrauch an Strom für **Beleuchtungs= zwecke** innerhalb **eines Grundstückes** wird eine Preisermäßigung ge= währt, deren Höhe mit der Größe der Stromabnahme von 2,8 % bei 900 KWSt bis 16,3 % bei 20000 KWSt wächst. Auf den Strompreis für andere als Beleuchtungszwecke wird dagegen ein Nachlaß **nicht** bewilligt.

Die Kosten des Hausanschlusses bis zu den Hauptsicherungen trägt das Elektrizitätswerk, falls der Besteller die Gewähr dafür übernimmt, daß der jährliche Betrag der Einnahmen für die Stromabgabe aus diesem Hausanschluß drei Jahre hindurch mindestens je gleich den Herstellungs= kosten des Hausanschlusses ist. Über die letzteren wird auf Verlangen seitens des Werkes den Interessenten ein Kostenanschlag unentgeltlich gefertigt.

Da erst wenige Jahre vor Erbauung des Elektrizitätswerks die ge= samte Straßenbeleuchtung der Stadt zur allgemeinen Zufriedenheit der Einwohnerschaft mit Auerbrennern ausgerüstet worden war, so wurde zunächst nur der verkehrsreichste Teil der Kaiserstraße vom Siegesdenkmal bis zur Kaiserbrücke sowie der Franziskanerplatz und ein Teil des Rat= hauses mit **elektrischer Beleuchtung** versehen. Hierzu dienen 22 Bogenlampen, von denen 18 an Überspannungen über der Mitte der Straße und 4 auf Rohrmasten angebracht sind. Sodann sind auch die Uhren am Martins= und Schwabentor, sowie an der neuen Oberreal= schule mit elektrischer Beleuchtung mittels 40 Glühlampen ausgerüstet.

Dem Geschäftsbereich des Elektrizitätswerks wurde am 1. Februar 1901 noch das städtische Fernsprechamt sowie die Feuermelde= und Zentral= uhrenanlage zugewiesen. Ferner liegt demselben die Prüfung der Ent= würfe und Überwachung der Installationen für solche Einrichtungen in den städtischen Gebäuden ob. Zur Ausführung kamen solche Anlagen bisher im Rathaus, in der Kunst= und Festhalle, dem Schlachthof, der Oberrealschule und dem Stadtgarten; diejenige im neuen Stadttheater ist in der Ausführung begriffen. Auch die Prüfung der Blitzableiter auf städtischen Gebäuden ist neuerdings dem Elektrizitätswerk übertragen worden.

Das Werk hat im großen und ganzen während der achtjährigen Zeit seines Bestehens eine recht erfreuliche Entwicklung — auch in den letzten beiden Jahren trotz der Ungunst der allgemeinen wirtschaft= lichen Verhältnisse — zu verzeichnen, wie aus den nachstehenden Über= sichten unschwer zu ersehen ist.

Die Anzahl der Hausanschlüsse ist von 408 im Jahre 1902 auf 1018, diejenige der Abnehmer von 453 auf 1303 und der Wert der an= geschlossenen Installationen von 1251,4 auf 4380,6 KW im Jahre 1908 gestiegen. Die Anzahl der Zähler hat sich von 517 auf 1385 und die Gesamterzeugung von 837086 auf 2093432 KWSt, die= jenige für Licht und Kraft allein von 234955 auf 1436288 KWSt vermehrt. Die Zunahme des für Straßenbahnzwecke verbrauchten Stromes hat innerhalb der letzten fünf Jahre eine Steigerung von 422189 auf 657144 KWSt erfahren. Die Verluste betrugen im Jahre 1908 12,8 v. H. und der Kohlenverbrauch für die erzeugte Kilowattstunde 1,83 kg gegenüber 1,96 im Jahre 1903 und 2,34 im Jahre 1902. Die jährliche Benützungsdauer der angeschlossenen Installationen des Licht= und Kraftwerks ist von 205,1 im Jahre 1903 auf 254 Stunden im Jahre 1908 gestiegen.

Das Anlagekapital des ganzen Werkes belief sich am 1. Januar 1909 auf 2608125 Mk. gegenüber 2143765 Mk. am 1. Januar 1903; es hat demnach in der Zwischenzeit eine Zunahme von 464360 Mk. aufzuweisen. Ein weiterer Vermögensbestandteil in Höhe von 162043 Mk. erscheint in der Kasse der zum Anwachsen bestimmten Fonds (Erneuerungs= fonds für größere Aufwendungen). Die (auf Seite 12/13) folgende Tabelle gibt eine Übersicht über die Stromerzeugung und Strom= abgabe der elektrischen Zentrale in den Jahren 1902—1908.

Es betrug im Jahre 1908 die größte Stromabgabe in 24 Stunden am 19. Dezember 8876 KWSt (im ersten Betriebsjahr 1902: 3533), und zwar für die Bahn 2034 (1914) und für Licht und Kraft 6842

Stromerzeugung und Stromabgabe

Be= triebs= jahr	Erzeugte Energie			Abgegebene Energie				
	Geſamt	Bahn	Licht und Kraft einſchließlich Eigenbetr.	Geſamt	Leitungsverluſt		Eigenbedarf	
	KWSt	KWSt	KWSt	KWSt	KWSt	%	KWSt	%
1902	837 086	454 652	382 434	674 398	—	—	16 954	2,5
1903	953 749	493 686	460 063	765 465	—	—	13 420	1,75
1904	1 129 919	514 593	833 939	1 288 375	129 800	12,26	12 759	1,25
1905	1 379 382	545 443	615 326	1 058 365	158 195	12,3	16 558	1,29
1906	1 665 079	626 582	1 038 497	1 525 647	119 503	7,86	102 835	6,74
1907	2 035 452	647 936	1 387 516	1 879 933	186 528	9,92	183 898	9,78
1908	2 093 432	657 144	1 436 288	1 977 037	152 031	7,72	152 631	7,72

Die Wirtſchafts= und Rentabilitätsverhältniſſe

Be= triebs= jahr	Einnahmen aus				Magazin= und Werk= ſtättenbetrieb, Verkauf von Materialien und Schlacken, Laden von Akkumulatoren uſw.
	Stromabgabe für			Zähler= miete	
	Licht	Kraft	Straßenbahn		
	Mk.	Mk.	Mk.	Mk.	Mk.
1902	100 528	10 903	76 048	7 517	22 552
1903	115 008	18 141	82 247	9 412	20 511
1904	122 798	37 259	87 317	11 423	17 367
1905	168 738	44 680	81 759	14 196	17 262
1906	199 746	68 405	83 976	17 546	27 984
1907	242 312	91 266	89 923	20 653	23 147
1908	264 700	98 928	96 932	23 364	39 461

(1619) KWSt; die kleinſte Tagesabgabe war am 17. April mit 3116 (880), und zwar für die Bahn mit 1733, für Licht und Kraft mit 1383 KWSt zu verzeichnen.

Die Wirtſchafts= und Rentabilitätsverhältniſſe des Werks gelangen in der vorſtehenden Überſicht zur Darſtellung.

Das Elektrizitätswerk hat ſich während der verhältnismäßig kurzen Zeit ſeines Betriebes zu einer recht anſehnlichen Einnahme= quelle für die ſtädtiſche Finanzwirtſchaft entwickelt, welche wie das Gas= und Waſſerwerk mit dem Wachstum der Stadt ſteigende Erträge erwarten läßt.

Die Verwaltung dieſes Unternehmens iſt mit derjenigen der Straßen= bahn unter einer gemeinſchaftlichen Direktion verbunden, wofür die Straßenbahnkaſſe die Hälfte des Gehaltsaufwandes für die Verwaltungs= beamten und der allgemeinen Verwaltungskoſten des Elektrizitätswerkes zu zahlen hat. Das Verwaltungsperſonal beſteht aus: 1 Direktor,

des städtischen Elektrizitätswerks.

Verkaufte		Von den verkauften Kilowatt-Stunden kommen auf:						Gesamt-verlust	
		Bahn		Licht		Kraft			
KWSt	%	KWSt	%	KWSt	%	KWSt	%	KWSt	%
657 444	97,5	422 489	64,3	180 153	27,4	54 806	8,3	162 688	19,4
752 045	98,25	456 925	60,7	205 044	27,3	90 076	12,0	188 284	19,7
915 805	86,5	485 094	53,0	244 999	25,2	185 722	21,8	215 915	19,3
1 113 522	86,4	511 089	45,9	380 236	34,1	222 197	20,0	261 519	19,0
1 303 309	85,5	524 849	40,3	438 244	33,6	340 216	26,1	258 935	15,5
1 509 507	80,3	562 017	37,2	492 827	32,7	454 664	30,1	342 047	16,8
1 673 229	84,63	605 828	36,1	573 843	34,6	492 557	29,3	267 570	12,8

des städtischen Elektrizitätswerks.

Be-triebs-jahr	Verwal-tungs-auf-wand	Ausgaben für						Er-neue-rungs-fonds	Rein-ertrag
		Be-triebs-aufwand	Davon für Gehälter und Löhne	In-stallatio-nen	Ver-zinsung u. Schulden-tilgung	Sonsti-ges			
	Mk.	Mk.	Mk.	Mk.	Mk.	Mk.		Mk.	Mk.
1902	18 378	75 972	28 270	2 246	85 309	8 642		27 000	—
1903	6 518	73 165	28 110	14 448	96 797	11 347		30 000	13 000
1904	7 018	79 670	28 956	20 082	98 682	7 712		27 000	36 000
1905	7 996	102 881	30 233	28 912	100 383	7 464		30 000	49 000
1906	7 308	115 282	33 676	42 887	102 412	6 828		30 000	94 300
1907	7 416	131 066	38 131	57 417	113 167	7 834		30 000	120 000
1908	7 863	132 059	39 565	54 666	117 366	7 644		54 700	163 912

1 Kassier, 1 Sekretär, 1 Verwaltungsassistenten, je 2 Verwaltungs- und Kanzleigehilfen sowie 2 Bureaudienern und Einziehern. Im Betrieb des Elektrizitätswerks sind tätig: 1 Maschinen- und Schaltmeister, 2 Schaltwärter, 1 Elektrotechniker und 2 Zählerkontrolleure sowie 29 gelernte Stadtarbeiter.

c) Die öffentliche Beleuchtung

der Straßen, Plätze, Anlagen, Brücken und Tore verursacht der Stadt im Jahre 1909 folgenden Aufwand:

a) Gasbeleuchtung (1521 Laternen) . . . . 85 000 Mk.
b) elektrische Beleuchtung (22 Bogen- und 40 Glühlampen) 16 500 „
c) Erdölbeleuchtung in den Vororten Haslach, Zähringen und Betzenhausen (ca. 30 Lampen) . . . . . 65 000 „
Zusammen 108 000 Mk.

Die Kosten der Stadt für die öffentliche Beleuchtung haben sich innerhalb der letzten 20 Jahre mehr als verdoppelt, indem sie eine Steigerung

von 52000 Mk. im Jahre 1889 auf 108000 Mk. im Jahre 1909 er=
fahren haben.

Das Anzünden der Gas= und Petroleumlaternen wird von etwa
40 Perſonen beſorgt, welche untertags einer privaten Beſchäftigung nach=
gehen. Die Anzünderbezirke ſind ſo eingeteilt, daß jedem Anzünder
durchſchnittlich 45 Straßenlaternen zum Anzünden und Löſchen zufallen.

Im Straßenbeleuchtungsdienſt ſind ſodann noch außer 10 Laternen=
wärtern 12 gelernte Arbeiter (Inſtallateure und Maler uſw.) beſchäftigt.

2. Die Waſſerverſorgung [1].

Die Verſorgung der Stadt Freiburg mit Brunnenwaſſer erfolgt
durch vier verſchiedene Anlagen, nämlich

1. Die Mösleleitung,
2. die Bruderhausdobelleitung,
3. die Hauptwaſſerleitung und
4. die Günterstäler Leitung im Bohrer.

Die älteſte Waſſerleitung Freiburgs iſt die heute noch beſtehende
Brunnenleitung aus dem ſogenannten Möslewald, deren Waſſerfaſſungen
bei 15 m Höhenunterſchied in unmittelbarer Nähe der Stadt liegen.
Schon im Jahre 1318 wird ein laufender Brunnen vor dem Rathaus
erwähnt, und 1535 gab es 20 öffentliche und 11 Privatbrunnen mit
zuſammen 40 Röhren. Das Waſſer wurde mittelſt zweier hölzerner
„Deichelfahrten" in die Stadt geleitet. Mit dem Wachstum der Be=
völkerung und der Ausdehnung des Gemeinweſens vermehrten ſich die
Brunnen im Laufe der Zeit weſentlich. So waren deren im Jahre 1732
bereits 57 mit 70 Röhren vorhanden; Ende 1908 dagegen verfügte die
Stadt über 130 öffentliche Trink=, Zier= und Springbrunnen, welche aus
ſämtlichen Waſſerleitungen geſpeiſt werden.

Die uralte Mösleleitung liefert heute noch in erfreulicher
Gleichmäßigkeit ein vorzügliches Waſſer; ſie verſieht außer 50 laufenden
Brunnen 97 Grundſtücke reichlich mit Waſſer: nämlich 11 ſtädtiſche Ge=
bäude und Stiftungen, 21 Grundſtücke mit gemieteten und 65 mit auf
denſelben ruhenden Rechten. Als kleinſte Menge fördert die Mösleleitung
etwa 18 Sekundenliter oder täglich 1500 cbm Waſſer zutage.

---

[1] Vgl. den Abſchnitt VII: „Die Waſſerleitungen" von W. Schnell in dem
im Jahre 1898 erſchienenen Werke: Freiburg i. Br., die Stadt und ihre Bauten
S. 144 flg. Ferner wurden die Jahresberichte der Waſſerwerksverwaltung von 1888
bis 1908 benützt.

Da sich schon zu Beginn der 60er Jahre des vorigen Jahrhunderts das Bedürfnis einer vermehrten Wasserzufuhr in gesteigertem Umfang geltend machte, mußte die Stadtverwaltung immer mehr auf die Erstellung neuer Wassergewinnungsanlagen bedacht sein, welche denn auch in den Jahren 1872—1876 zur Ausführung kamen. Nachdem durch eingehende Voruntersuchungen festgestellt war, daß dem Grundwasserstrom der starken Kiesbänke im Diluvium des Dreisamtales wirklich Wasser von hervorragender Eigenschaft in genügender Menge entnommen werden konnte, wurde oberhalb des Dorfes Ebnet, etwa 3 km von der Freiburger Gemarkungsgrenze entfernt, eine Sammelanlage errichtet. Zwei gabelförmig angeordnete Sickerkanäle von 90 cm lichter Höhe aus Zementbeton führen 6—7 m unter dem Boden das Wasser in einen Sammelbrunnen von 4 m lichtem Durchmesser; von da geht ein Gußrohrstrang von 450 mm Lichtweite an dem Dorfe Ebnet vorbei durch die Kartäuser- und Schwabentorstraße nach dem Hochbehälter auf dem Schloßberg. Der Auslauf dieses Behälters von rund 4000 cbm Rauminhalt liegt 307,5 m über N.-Null, was einen durchschnittlichen Wasserdruck von etwa 3 Atmosphären in der Stadt ergibt. Ein ebenfalls 450 mm weites Rohr leitet das Wasser von hier in das weitverzweigte Stadtrohrnetz.

Die starke Zunahme der Bevölkerung und der Privatanschlüsse an die neue Wasserversorgung und der dadurch beträchtlich gesteigerte Wasserverbrauch ließen aber schon nach verhältnismäßig kurzer Zeit eine weitere erhebliche Wasserzufuhr als notwendig erscheinen. Diesmal wurde eine geeignete Sammelstelle mit einem außerordentlich reichen Grundwasserstrom auf dem linken Dreisamufer bei Neuhäuser oberhalb Littenweiler (5 km von der Gemarkungsgrenze) ausfindig gemacht. Durch Ausdehnung der gabelförmigen Sickeranlage auf eine Breite von nahezu 300 m wurde eine kleinste Wassermenge von reichlich 14 000 cbm in 24 Stunden (162 Sekundenliter) gewonnen. Dieses neu erschlossene Wasser wurde in den alten Sammler oberhalb Littenweiler geleitet, von wo aus das vorhandene Rohr von 450 mm nunmehr stets vollaufend etwa 12 000 cbm in die Stadt zu führen vermochte, während im ganzen durchschnittlich die doppelte Menge aus den beiden Anlagen verfügbar war.

Als anfangs der 1890er Jahre die Schwemmkanalisation in der Stadt eingeführt worden war, machte sich bei der stets wachsenden Bevölkerung abermals eine wesentliche Steigerung des Wasserbedarfs geltend, so daß die Verlegung des zweiten Rohrstranges von ebenfalls 450 mm vom gemeinschaftlichen Sammler nach einem zweiten Behälter (Wasserschlößle) im Sternwald und nach der Stadt notwendig wurde, um alles

erſchloſſene Waſſer nutzbar zu machen und dem Bedarf in der Stadt zu
genügen. Der genannte zweite Behälter, auf genau gleicher Höhe wie der
ältere am Schloßberg, umfaßt einen Inhalt von reichlich 4000 cbm und iſt
ebenfalls in zwei Teile geteilt, die einzeln außer Betrieb geſetzt werden
können. In den beiden Sammlern der Hauptwaſſerverſorgung wurden
1908 Selbſtſchreibapparate aufgeſtellt, die über den Stand des Waſſers
in den Sammlern fortlaufend genaue Auskunft geben.

Im Jahre 1906 erhielt der Vorort Günterstal eine beſondere
Waſſerleitung, da ſich die bisherige Brunnenleitung als zu klein er-
wieſen hatte; dieſe ſpeiſt nunmehr nur noch die drei öffentlichen laufenden
Brunnen dortſelbſt. Die neue Leitung verſorgt auch noch die für die
ſtädtiſche Hauptleitung zu hoch gelegenen Gebiete des „Hölderle“ und
Lorettoberges mit Waſſer.

In den Jahren 1906/1908 wurden ferner die neuen Vororte Zähringen und Betzenhauſen an die ſtädtiſche Hauptleitung an-
geſchloſſen und für die Verſorgung des für direkten Druck ebenfalls zu
hoch gelegenen Gebiets der Wintererſtraße bis zum Jägerhäusle am
Längenhard oberhalb der Schloßbergfahrſtraße eine beſondere Pump-
anlage errichtet, die gleichfalls das Waſſer aus der Hauptleitung ent-
nimmt. Dieſe ſpeiſt außerdem noch 61 öffentliche Brunnen und Druck-
ſtänder ſowie 16 Springbrunnen.

Schließlich ſind noch zu erwähnen: die Bruderhausdobelleitung im Stadtteil Herdern, welche gegenwärtig noch 3 Abonnenten
mit Waſſer verſieht, und die zahlreichen kleinen beſonderen Waſſerleitungen für das „Jägerhäusle“, die Karthaus, St. Ottilien,
St. Valentin, Waldſeereſtaurant, Jeſuitenſchloß, Raſthaus auf dem
Schauinsland, Forſthaus im Bohrer, Mundenhof und Eduardshöhe,
die alle der ſtädtiſchen Waſſerwerksverwaltung unterſtellt ſind.

Wenn auch die Waſſerverſorgung Freiburgs im Augenblick noch eine
gute und reichliche iſt, ſo werden die Arbeiten behufs Gewinnung
weiteren Waſſers oberhalb der großen linksſeitigen Sammelanlage auf der
Gemarkung Zarten doch eifrig fortgeſetzt. Im Hinblick auf das ſich ſtets
ſteigernde Bedürfnis ſieht ſich nämlich die Stadtverwaltung wiederum ge-
nötigt, die Zentralwaſſerleitung im Laufe der nächſten Jahre zu
vergrößern. Veranlaßt wird dieſe Erweiterung nicht nur durch die
ſtetige Zunahme der Stadt, ſondern auch durch den Umſtand, daß die
Bevölkerung durch die ihr gebotene Gelegenheit im Verbrauch des
Leitungswaſſers ſich allzu weite Grenzen zu ſtecken pflegt, ſo daß der
Stadtrat die alten Waſſerbezugsbeſtimmungen einer durch-

greifenden Änderung zu unterziehen beabsichtigt. Über die Benützung der Trinkwasserversorgung und den Gebührentarif sind im dritten Kapitel (Seite 90) nähere Ausführungen gemacht, auf welche hier verwiesen werden kann. An Private wird das Wasser in der Regel auf Grund von Einschätzungen abgegeben; seit Ende 1907 sind aber überall zur Kontrolle des Wasserverbrauchs und behufs Erzielung einer sparsameren Verwendung dieses unentbehrlichen Gebrauchs- und Lebensmittels Wassermesser angebracht. Es darf jetzt grundsätzlich keine Abgabe mehr ohne Wasserkontrolle erfolgen.

Das Stadtrohrnetz ist nach dem sogenannten Zirkulationssystem angelegt; es hatte 1908 eine Gesamtlänge von 101,40 km und rund 1000 cbm Inhalt. Die Zahl der Straßenhydranten beträgt 724, (1888: 379), die der Kanalspülungen 200 und die der Hausanschlüsse 5093 (1888: 2320). Zier- und Springbrunnen sind 16 und Wassermesser insgesamt 5192 vorhanden (gegen 431 im Jahre 1888); der Grundsatz, Wasser nur durch Wassermesser abzugeben, ist damit nun auch durchgeführt. Als Folge dieser Maßregel ist im allgemeinen eine größere Sparsamkeit seitens der Abnehmer im Verbrauch und vor allem auch ein besserer Einblick in die Abgabenverhältnisse für die städtische Wasserwerksverwaltung zu konstatieren.

Die Zufluß und Verbrauchsverhältnisse der Freiburger Wasserleitungen gestalteten sich im Jahre 1908 nach Messungen und Schätzungen folgendermaßen: der Gesamtzufluß nach der Stadt belief sich nach den großen Messern insgesamt auf 7 740 000 cbm (gegenüber 7 950 000 cbm im Jahre 1906 und 5 887 300 cbm im Jahre 1898); der Überlauf aus den Behältern wurde auf eine Million (350 000 bzw. 60 000) ermittelt, so daß sich ein tatsächlicher Verbrauch von 6 740 000 (7 600 000 bzw. 5 827 300) cbm ergibt.

Die Tagesabgabe betrug Kubikmeter:

	1908	1906	1898
durchschnittlich	18 415	20 822	15 964
die größte	24 300	26 290	17 467
die kleinste	17 100	16 595	14 958.

Der Tagesverbrauch pro Kopf der Bevölkerung stellte sich

		1908	1906	1898
im Durchschnitt auf	Liter	232	271	286
die größte Abgabe	„ „	305	341	309
die kleinste Abgabe	„ „	214	212	265.

Für städtische Zwecke wurden hiervon verwendet rund 20 % (gegen 16½ % im Vorjahre, 12 % im Jahre 1901 und 20½ % im Jahre

1903), und zwar für Gebäude etwa 500 000, für die öffentlichen Brunnen 100 000, für die Spring= und Zierbrunnen, sowie die verschiedenen An=lagen (einschließlich der Friedhöfe) 500 000, für Straßensprengen und Kanalspülungen 140 000, für öffentliche Bedürfnisanstalten 30 000 und für Feuerlösch= und sonstige Zwecke 30 000 cbm.

Der Umsatz des Installationsgeschäfts bezifferte sich im Jahre 1908 auf nur 38 108 Mk. gegenüber 64 331 Mk. im Vorjahre und 28 700 im Jahre 1898.

Die Abortspülungen sind von rund 6400 im Jahre 1895 auf 20 300 im Jahre 1908 angewachsen. Die alljährlichen chemische und die viertel=jährlichen bakteriologischen Untersuchungen weisen immer wieder aufs neue die Güte und Reinheit der städtischen Leitungswasser nach.

Die folgende Darstellung veranschaulicht den Bauaufwand und Tilgungsplan sowie die Rentabilitätsverhältnisse der Frei=burger Wasserleitungen von 1876--1908. (Siehe nebenstehende Tabelle auf Seite 19).

Ende 1908 waren bei der Wasserwerksverwaltung, die mit der Gas=werksverwaltung unter einer gemeinschaftlichen Direktion vereinigt ist, beschäftigt:

a) Techniker: 1 Direktor (Ingenieur), 2 Ingenieur=Assistenten, 1 Bauführer und 1 Zeichner (diese Beamten sind aber mit Aus=nahme eines Ingenieur=Assistenten auch im Gaswerksbetrieb tätig), 1 Brunnenmeister und 2 Wasserverbrauchkontrolleure.

b) Verwaltungsbeamte: 1 Sekretär und 2 Verwaltungs=Assistenten.

c) Die Kassendiener und das Einzugspersonal sind für die Wasserwerks= und Gaswerkskasse (insgesamt 8) gemeinsam bestellt.

d) Arbeiter: 2 Vorarbeiter und 26 sonstige (größtenteils gelernte) Arbeiter.

3. Die Straßenbahn[1].

Der wirtschaftliche Aufschwung der Stadt und das gewaltige Wachs=tum der Bevölkerung hatte das Bedürfnis nach einer schnellen, zu=verlässigen und doch billigen Verkehrsanstalt gegen Ende der 90 er Jahre des vorigen Jahrhunderts immer stärker hervortreten lassen.

[1] Vgl. den Baubericht der städtischen Straßenbahn zu Freiburg i. Br., er=stattet von Direktor Emil Eitner im Jahre 1903, sowie die gedruckten Betriebs=berichte der genannten Bahn für die Jahre 1902—1908.

Bauaufwand und Rentabilitätsverhältnisse der städtischen Wasserleitungen von 1876—1908.

Jahr	Betrag der Schuld	Baukosten	Gesamtschuld am Jahresschluß	Zinsenaufwand	Tilgungsquote	Restschuld am Jahresschluß	Ablieferungen an die Stadtkasse	Hierunter Reingewinn	Aufwand für Erweiterung der Anlagen aus Betriebsmitteln	Wertbergang zen Wasserwertsanlagen (Verkaufswert)
	Mk.	Mk.	Mk.	Mk.	Mk.	Mk.	Mk.	Mk.	Mk.	Mk.
1876	828 986	253 179	1 082 165	48 697	10 822	1 071 343	50 599	—	—	1 082 165
1879	1 217 445	29 258	1 246 703	56 102	14 133	1 232 570	65 937	—	—	1 283 734
1882	1 239 446	9 532	1 248 978	56 204	16 164	1 232 814	79 181	6 813	1 159	1 333 768
1885	1 341 385	6 283	1 347 668	50 836	18 947	1 191 961	105 401	35 618	1 208	1 351 442
1888	1 375 240	49 112	1 424 352	48 235	22 099	1 205 875	117 866	46 505	9 184	1 440 939
1891	1 477 491	69 616	1 547 107	50 194	26 117	1 254 844	144 595	70 000	7 401	1 585 859
1894	1 552 803	—	1 552 803	47 023	29 434	1 175 586	190 191	115 366	7 990	1 612 684
1897	1 913 982	22 257	1 936 239	58 148	37 177	1 453 696	222 471	127 146	11 381	2 020 865
1900	1 966 267	20 932	1 987 199	55 320	42 346	1 383 008	279 200	181 534	9 619	2 102 223
1903	1 996 663	25 476	2 022 139	51 204	47 983	1 280 103	328 439	229 252	17 358	2 270 263
1906	2 168 786	153 576	2 322 362	52 986	55 453	1 422 772	384 585	276 146	6 476	2 521 711
1907	2 322 362	59 944	2 382 306	56 911	59 208	1 423 508	408 924	292 805	14 278	2 595 933
1908	2 382 306	77 994	2 460 300	56 940	62 175	1 439 327	407 236	288 121	14 794	2 688 721

Neben der weit ausgedehnten Bauart der einzelnen Stadtteile und Vororte war es insbesondere auch die bevorzugte Lage der Stadt am Aus-
gang eines der bedeutendsten Seitentäler des Schwarzwaldes nach der
Rheinebene zu und inmitten eines Kranzes großer und wohlhabender
Landgemeinden, welche den Gedanken an ein allen Anforderungen ent-
sprechendes Verkehrsunternehmen schon frühzeitig hatte aufkommen lassen
und stets wach erhielt. Nachdem die Stadtverwaltung die Frage der
Erbauung einer Straßenbahn nach allen Richtungen hin reiflich erwogen
und durch eingehende Studien und sorgfältige Beratungen die nötigen
Vorbereitungen getroffen hatte, wurden mit Beschluß vom 8. Mai 1899
die Ausführung einer solchen Bahn gleichzeitig mit der Errichtung der
elektrischen Zentrale unter Bewilligung eines Kredits von 1500000 Mk.
für die erstere vom Bürgerausschuß genehmigt und später (12. Dezember
1904) behufs besserer Ausgestaltung der Bahn weitere 344000 Mk. hinzugefügt.

Bei den städtischen Körperschaften, insbesondere beim Stadtrat, stand
von vornherein der Entschluß fest, das Bahnunternehmen auf eigene
Rechnung und Gefahr zu bauen und zu betreiben, da man der Über-
zeugung war, daß nur die Gemeinde selbst in vollem Maße imstande sei,
bei allen auftauchenden Fragen den Bedürfnissen des allgemeinen
Wohles und ausschließlich stets gerecht zu werden.

Bezüglich der Art des Antriebs entschloß man sich für die
elektrische Energie mit direkter oberirdischer Stromzuführung. Von der
Verwendung von Akkumulatoren innerhalb der Wagen wurde wegen der
Unzweckmäßigkeit und Unwirtschaftlichkeit dieser Art des Betriebs von
Anfang an abgesehen; auch konnte die unterirdische Stromzuführung
wegen der großen Kosten dieser Bauart nicht in Frage kommen. Die
direkte oberirdische Stromzuführung dagegen bot in jedem Falle den Vorzug der größten Einfachheit aller Teile und der weitgehendsten Sicherheit
und Zuverlässigkeit des Betriebs. Diesen schwerwiegenden Gründen
gegenüber mußten auch die an manchen Orten auftretenden Bedenken
wegen Verunstaltung der alten Straßenbilder nach und nach weichen.

Was die Linienführung anbetrifft, so wurde das Stadtgebiet
der geographischen Lage und den großen Verkehrsadern entsprechend in der
Hauptsache in vier einzelne Linien eingeteilt, die sich im Mittelpunkt der
Stadt beinahe rechtwinklig treffen und ursprünglich eine Gesamtlänge von
9,12 km umfaßten. Im Jahre 1907 genehmigte aber der Bürgerausschuß
für eine Erweiterung der Straßenbahn den beträchtlichen Kredit von
1750000 Mk., womit drei neue Linien ausgeführt werden sollen.

Ende 1908 bestand das Bahnnetz aus nachstehenden Linien, die folgende Streckenlänge aufweisen:

A. Rennweg-Lorettostraße . . . . 2,76 km
B. Lehenerstraße-Lorettostraße . . . . 2,80 „
C. Schwabentorbrücke-Waldsee . . . . 1,80 „
D. Lorettostraße-Günterstal . . . . 2,48 „
E. Rennweg-Zähringen (1,7 km); die Strecke ist erst teil-
weise ausgebaut . . . . 0,40 „
F. Lehenerstraße-Friedhof-Güterbahnhof . . . . . 1,59 „

Gesamtlänge 11,83 km.

Die Länge der durchgehenden Gleise auf diesen Linien beläuft sich auf 20,08 km, wozu an Gleiswechseln, Anstellgleisen und Depotgleisen noch 1,95 km kommen, so daß die Gesamtlänge aller Gleise einschließlich der Nebengleise 22,03 km beträgt. Im Laufe des Jahres 1909 wird die Bahn nach dem Vorort Zähringen und dem südlichen Teil des Stadt-teils „Stühlinger" weitergeführt werden. Die Ausführung der Linien vom Siegesdenkmal über den Karlsplatz nach dem Stadtteil Herdern und dem Vorort Haslach werden dann voraussichtlich den nächsten Schritt bilden, welchen die Stadtverwaltung bezüglich eines weiteren Ausbaus des Straßenbahnnetzes unternehmen wird.

Während die erste Anlage der Bahn, deren Baukosten sich ein-schließlich des Grunderwerbs, sowie des Ankaufs und der baulichen Ver-änderung der Häuser am Martins- und Schwabentor auf insgesamt 2 117 445 Mk. beliefen, einer erstklassigen fremden Gesellschaft zum Aus-bau für städtische Rechnung übertragen worden war, sollen alle weiteren Bahnbauten durch das eigene Personal, das an Zahl, Erfahrung und Befähigung hierfür wohl geeignet ist, ausgeführt werden.

Daß die Stadt den Bau und Betrieb dieses Unternehmens nicht einrichtete wie eine Aktiengesellschaft, um Geld zu verdienen und einen möglichst hohen geschäftlichen Ertrag zu erzielen, sondern um die höchsten Zwecke des kommunalen Lebens auf wirtschaftlichem, sozialem und hygie-nischem Gebiete zu erfüllen, bedarf nach den vorstehenden Ausführungen wohl keiner näheren Erörterung.

Die Straßenbahn befindet sich seit dem 14. Oktober 1901 im Betrieb und hat sich in der Zwischenzeit recht gut entwickelt. Die Ge-samtzahl der zahlenden Fahrgäste betrug im Jahre 1908 5 225 021 gegen-über 3 254 686 im ersten Betriebsjahr. Die Einnahmen für das gefahrene Wagenkilometer sind von 38,11 auf 48,09 Pf. im Jahre 1907 gestiegen. Eine solche Höhe der Einnahmen wird in Zukunft infolge des Ausbaues

der neuen, weniger rentablen Linien nach dem Vorort Zähringen, dem
Friedhof und Güterbahnhof sowie dem Stadtteil Stühlinger in der
nächsten Zeit nicht mehr zu erwarten sein; vielmehr ist hier mit einer
wesentlichen Abnahme der Gesamtrente für die kommenden Jahre mit
Sicherheit zu rechnen. Im Jahre 1908 ist dieselbe bereits auf 46,95 Pf.
zurückgegangen.

Der Betriebskoeffizient, d. h. das Verhältnis der reinen
Betriebsausgaben zu den Gesamteinnahmen hat infolge der erheblichen
Steigerung aller Materialpreise und der Arbeitslöhne im Laufe der
letzten Jahre eine nicht unbeträchtliche Zunahme erfahren und ist von
59,18 % im Jahre 1905 auf 67,58 % im Jahre 1908 gewachsen.

Der Wagenpark bestand Ende 1908 aus 27 Triebwagen zu 16 Sitz-
und 15 Stehplätzen, 3 Triebwagen zu 20 Sitz- und 24 Stehplätzen,
1 geschlossenen Anhängewagen zu je 16 Sitz- und Stehplätzen, je 3 geschlossenen und offenen Anhängewagen zu 18 Sitz- und 16 Stehplätzen,
3 umwandelbaren Anhängewagen zu 18 Sitz- und 24 Stehplätzen, 1 Motor-
sprengwagen, 2 Bahnmeisterwagen, sowie 1 Salzwagen mit Schneepflug.
Die Wagen sind sämtlich zweiachsig, 3 von ihnen besitzen Drehgestelle.
27 Wagen sind mit je zwei Motoren und einer Normalleistung von 12 PS.
und die übrigen mit je zwei Motoren und einer Normalleistung von je
30 PS. ausgerüstet. Die folgende Zusammenstellung gibt eine kurze Übersicht über den Umfang des Stromverbrauchs im ganzen wie für das
Rechnungskilometer:

Jahr	Kilowatt-Stunden	Für das Rechnungs-kilometer	
		Wattstunden	Stromkosten
			Pf.
1901 14./10.—31./12.	70 299	544	9,79
1902	422 489	512	9,21
1903	423 060	486	9,46
1904	450 014	513	9,96
1905	487 888	538	9,01
1906	498 535	509	8,57
1907	536 067	544	9,13
1908	575 717	560	9,44

Der geringste Stromverbrauch war im Jahre 1908 am 7. September
mit 475 Wattstunden, der höchste am 30. Dezember mit 844 Wattstunden
zu verzeichnen.

Das ständige Fahrpersonal umfaßte Ende 1908 68 Mann,
von denen 60 Schaffner und Wagenführer etatmäßig (auf Grund des

Beamtenstatutes) angestellt waren. Das Aushilfspersonal, welches außer=
dem für den verstärkten Sonn= und Feiertagsverkehr mit herangezogen
wird, betrug etwa 60 Mann.

Während des Winters wird seit einigen Jahren bei strenger Kälte
warmer Tee an das Fahrpersonal verabreicht; außerdem werden die
Wagenführer mit einer Dienstschicht von 4—5 Stunden in dieser Zeit
jeweils eine halbe Stunde abgelöst. Hierdurch ist den Betreffenden die
Möglichkeit gegeben, ihre in der Nähe der Ablösungsstelle befindlichen
Dienstwohnungen aufzusuchen und sich dort wieder ordentlich zu
wärmen. Diese Einrichtungen haben den Beifall des Fahrpersonals ge=
funden und sollen auch in Zukunft beibehalten werden.

Bei dieser Gelegenheit soll auch noch auf die durchgreifende und weit=
sichtige Wohnungsfürsorge hingewiesen werden, welche die Stadt=
verwaltung ihren Straßenbahnangestellten im Hinblick auf ihren an=
strengenden und aufreibenden Dienst hat angedeihen lassen. Auf An=
trag des Stadtrats wurde vom Bürgerausschuß in der Sitzung vom
21. November 1902 die Erbauung von 48 Dienstwohnungen
für die genannten Beamten mit einem Kostenaufwand von 330 000 Mk.
bewilligt. Es wurde im ganzen in den Jahren 1904/05 4 Vier= und
44 Dreizimmerwohnungen an der Lorettostraße, in unmittelbarer Nähe
der Wagenhalle erstellt, denen nach Verlegung der Höllentalbahn weitere
24 folgen sollen. Sie werden von 1 Kassier, 1 Sekretär, 1 Bahn=
meister, 2 Kontrolleuren und 43 Schaffnern und Wagenführern bewohnt.
Von all diesen Wohnungen besitzen jeweils nicht mehr als sechs einen
gemeinsamen Treppenaufgang sowie eine gemeinsame Waschküche, während
jede derselben über einen besonderen Glasabschluß verfügt. Die Miet=
preise betragen je nach Stockwerkslage und Größe der Räume 260 bis
400 Mk. für eine Vier= und 160 bis 230 Mk. für eine Dreizimmer=
wohnung; sie sind nur etwa halb so hoch wie die orts=
üblichen Mietpreise. Die Verzinsung des Anlagekapitals beträgt
nur etwa 2 %, so daß die Straßenbahnkasse jährlich einen Zuschuß von über
10 000 Mk. zu dem Aufwand für die Dienstwohnungen der betreffenden
Beamten zu leisten hat.

Der Verkehr auf der städtischen elektrischen Straßenbahn hat seit deren
Eröffnung eine gewaltige Steigerung erfahren, mit der die Rentabilitäts=
verhältnisse infolge des kostspieligen Weiterausbaues der Bahn allerdings
nicht gleichen Schritt gehalten haben. Die folgende Zusammenstellung gibt
eine Übersicht über die Fahrleistung der Straßenbahn in Rechnungs=
kilometer sowie über die Zahl der beförderten Fahrgäste:

	Rechnungskilometer	Fahrgäste
1902	825 785,8	3 254 686
1903	869 749,9	3 787 336
1904	886 293,4	4 153 955
1905	907 170	4 379 879
1906	979 162	4 811 209
1907	984 153	5 109 369
1908	1 026 906	5 295 021

Die mittlere Tagesleistung betrug im Jahre 1908: 2813,4 Rechnungs=
kilometer gegenüber 2262,4 im ersten Betriebsjahr (1902). Im Jahre
1908 kamen auf

    1 Rechnungskilometer 5,08 Fahrgäste,
    1 Kilometer Streckenlänge 501 923 Fahrgäste,
    1 Einwohner der Stadt Freiburg 64 Fahrten.

Als Fahrtausweise sind neben einer sehr beschränkten Anzahl Frei=
karten nur Einzelfahrscheine, Nummer=, Schüler= und Postkarten eingeführt.

An Fahrscheinen werden solche zu 10, 15 und 20 Pf. ausgegeben.
Die Durchschnittslängen betragen:

    für 10 Pf.=Fahrstrecken   3,05 km,
     „ 15   „   „   4,06   „
     „ 20   „   „   5,95   „

Die Nummerkarten werden von jedem Schaffner zum
Preise von 50 Pf. abgegeben und berechtigen zum Befahren jeder be=
liebigen Strecke durch Entwertung einer entsprechenden Anzahl von Ab=
schnitten[1]. Die Karten sind übertragbar und in ihrer Geltungsdauer
unbeschränkt. Zum Zweck des Umsteigens wird jeweils ein besonderer
Umsteigfahrschein unentgeltlich beigegeben. Diese Karten erfreuen sich
bei den Fahrgästen großer Beliebtheit und erleichtern auch dem Fahr=

---

[1] Infolge der am 1. August 1905 zur Einführung gelangten Fahrkartensteuer,
wonach eine Reichsstempelabgabe von allen solchen Fahrkarten erhoben wird, deren
Fahrpreis mindestens 60 Pf. beträgt, wurde eine Änderung des Tarifs der Straßen=
bahn in der Weise vorgenommen, daß zur Vermeidung der Stempelabgabe an Stelle
der bisherigen Nummerkarten für 12 Fahrten zum Preise von 1 Mk. auf 10 Pf.=
Strecken und von 1,50 Mk. auf 15 Pf.=Strecken ausschließlich Nummerkarten zu
50 Pf. mit 12 Abschnitten zu je 5 Pf. abgegeben werden. Die dadurch erzielte Er=
sparnis an der Reichsstempelabgabe beträgt insgesamt etwa 10—12 000 Mk. im Jahre.
Auch der Tarif für die Gestellung von Sonderwagen, welcher für Trieb= und An=
hängewagen bisher Preisabstufungen je nach der durchfahrenen Streckenlänge ent=
hielt, wurde abgeschafft und als Einheitstarif derart umgestaltet, daß nunmehr
Sonderwagen nur noch dann gestellt werden, wenn sich mindestens 15 Personen an
einer Fahrt wirklich beteiligen. Von jedem Fahrgast aber wird gleichmäßig ein
Fahrpreis von 50 Pf. auf jeder beliebigen Strecke erhoben.

perſonal den Abfertigungsdienſt in hohem Maße. Die Schülerkarten
werden an Schüler und Schülerinnen der ſtaatlichen, ſtädtiſchen und
Privat = Schulen zum Preiſe von 1 Mk. abgegeben. Sie ſind nur an
der Straßenbahn= und Stadtkaſſe erhältlich und berechtigen zu 16 Fahrten
mit je einmaligem Umſteigen; ſie ſind nicht übertragbar und dürfen nur
auf dem Wege zu und von der Schule benutzt werden.

An das Kaiſerliche Poſt= und Telegraphenamt werden die 50 Pfg.=
Nummerkarten mit einem Nachlaß von 20 % verabfolgt. Dieſelben ſind
mit dem Aufdruck „Poſt“ verſehen und dürfen nur von den im Dienſt
befindlichen Poſt= und Telegraphenboten mit umgehängter Taſche benützt
werden. Für mitgeführte Pakete iſt der gewöhnliche Fahrpreis für Ge=
päck, jedoch ebenfalls mit einem Nachlaß von 20 % zu entrichten. Frei=
karten beſitzen außer dem Oberbürgermeiſter, dem erſten Bürgermeiſter,
dem Referenten der Straßenbahn und den leitenden Betriebsbeamten nur
die Beamten der Gendarmerie und Polizei auf Grund einer beſonderen
Vereinbarung.

Die Wirtſchafts= und Rentabilitätsverhältniſſe der
ſtädtiſchen Straßenbahn geſtalteten ſich während ihres ſiebenjährigen Be=
triebs folgendermaßen:

Betriebs-jahr	Ein-nahmen aus Personen-beförderung	Sonstige Einnahmen	Ausgaben				Erneuerungs-fonds	Rein-ertrag
			Ver-waltungs-aufwand	Betriebs-aufwand	Ver-jüngung u. Tilgung	Sonstiges		
	Mk.	Mk.	Mk.	Mk.	Mk.	Mk.	Mk.	Mk.
1902	314 779	4 004	12 383	207 059	88 737	4 603	6 000	—
1903	362 272	16 929	14 316	234 820	96 246	13 319	20 000	500
1904	395 571	19 125	14 796	244 773	105 331	10 796	23 000	16 000
1905	416 173	33 722	16 372	256 619	112 467	7 438	20 000	37 000
1906	455 515	29 754	16 485	297 643	126 871	2 371	20 000	21 900
1907	473 292	28 822	16 975	315 205	128 161	2 273	20 000	19 500
1908	482 154	68 298	17 729	361 792	130 436	2 952	43 200	8 552

Der Wert des Anlagekapitals belief ſich Ende 1908 auf insgeſamt
3 074 734 Mk. gegenüber 2 079 497 Mk. Ende 1902. Ein weiterer Ver=
mögensbeſtandteil in Höhe von 90 281 Mk. erſcheint in der Kaſſe der
zum Anwachſen beſtimmten Fonds (Erneuerungsfonds).

Die Erwartungen, welche man auf die Entwicklung des Bahn=
unternehmens geſetzt hat, haben ſich in einer Weiſe erfüllt, daß Stadt=
verwaltung und Einwohnerſchaft nicht nur allgemein mit dieſem jüngſten
Gewerbebetrieb zufrieden ſind, ſondern ſich auch freuen, daß die Bahn ſich
im eigenen Betrieb und in der Verwaltung der Gemeinde ſelbſt befindet.

Auf dem Gebiete der sozialen Fürsorge für das Fahr= und
Aufsichtsperſonal hat die Stadt Freiburg geradezu Vorbildliches
geleiſtet. Daſſelbe wurde ſofort mit voller Beamteneigenſchaft und mit
guten Gehaltsſätzen angeſtellt, denen in den Jahren 1904/05 noch die
Wohltat der eigenen Wohnung unter außergewöhnlich günſtigen
Bedingungen hinzugefügt wurde, eine Maßnahme, mit welcher man im
großen und ganzen nur gute Erfahrungen gemacht hat.

Ebenſo hat ſich die Stadtverwaltung bezüglich der Wirkungen
nicht getäuſcht, welche ſie von der ſtädtiſchen Straßenbahnanlage erhofft
hat. Es hat ſich unwiderleglich gezeigt, daß eine in der
Hand der Stadt befindliche, nach gemeinnützigen Grundſätzen er=
baute und geleitete Bahn ſich für die weiteſten Bevölkerungskreiſe als
eine ſoziale Einrichtung erſten Ranges darſtellt, deren Wirkungen
bis in die äußerſten Grenzen des ſtädtiſchen Verkehrs verfolgt werden
können. Sie darf aber auch als eine der hervorragendſten hygieniſchen
Maßregeln inſofern bezeichnet werden, als ſie aufs wirkſamſte die Be=
ſtrebungen unterſtützt, das enge, ungeſunde Zuſammenwohnen im Innern
der Stadt zu verhindern und die Menſchen ohne Nachteil für ihre wirt=
ſchaftliche Exiſtenz in Gemarkungsteilen wohnen zu laſſen, in welchen ſie
ohne allzu große Opfer die Wohltat von Luft und Licht genießen können.

Auch in wirtſchaftlicher Beziehung hat die Bahn ihren ſegensreichen
Einfluß ſchon geltend gemacht und wird dies mit dem weiteren Ausbau
in Zukunft noch mehr tun, indem ſie der ohnehin bei der eigentümlichen
Lage von Freiburg leicht entſtehenden Konzentration der Wert=
ſteigerung auf gewiſſe Teile des Stadtgebiets in wirkſamer Weiſe
entgegenarbeitet. Je mehr die Bahn in entferntere Gebiete ge=
leitet und dem Bedürfniſſe angepaßt wird, deſto leichter wird das ge=
winnverheißende ſolide Bauen auch in jenen Gegenden ermöglicht und
damit das Geſetz der geſunden Wertſteigerung und der geſunden Bauluſt
auf immer größere Gemarkungsteile ausgedehnt werden. Wie das Bahn=
netz im Innern der Stadt in einer Weiſe ausgedehnt werden ſoll,
daß kein Stadtteil ſich hierin als zurückgeſetzt bezeichnen darf, ſo wird
auch der von Anfang an ins Auge gefaßte Plan, daß von Freiburg aus
ſtrahlenförmig ein Netz von elektriſchen Bahnen die ganze Um=
gegend überziehen und alle wichtigen Punkte mit der Hauptſtadt ver=
binden ſoll, in nicht zu ferner Zeit zur allgemeinen Befriedigung zur
Ausführung gelangen.

Um den herrlichen, unmittelbar an die Stadt angrenzenden Schloß=
berg beſſer zugänglich zu machen, beabſichtigt die Stadtverwaltung in

der nächſten Zeit mit einem Koſtenaufwand von etwa 250 000 Mk. auch
die Erſtellung einer elektriſchen Bergbahn vom Schwabentor
nach dem Kanonenplatz, der in abſehbarer Zeit eine bequeme und billige
Bahnverbindung nach dem 1286 m hohen, zum Teil auf eigener
Gemarkung liegenden Schauinsland[1] und dem etwa 12 km weiter
öſtlich gelegenen Feldberg, dem höchſten Gipfel des viel geprieſenen
Schwarzwaldes, folgen ſoll.

4. Markt-, Lager-, Wag- und Eichanſtalten.

Wie das Pflaſtergeld und die Oktroigefälle, ſo waren auch früher die
der Stadt zuſtehenden Einkünfte aus dem Wochenmarkt und der Meſſe an
verſchiedene Erheber verpachtet. Jene wurden am 1. Januar 1885 und
dieſe am 1. Januar 1894 in ſtädtiſche Selbſtverwaltung übernommen.
Die Folge dieſer Maßnahmen war die, daß die Erträgniſſe ſämtlicher
Gefälle bei gleichen Sätzen ſofort ſtiegen und ſeitdem wachſende Reineinnahmen liefern.

An Marktanſtalten kommen in Betracht:

a) Die Meſſe (Schaubuden- und Verkaufsbudenmeſſe) mit 25 911 Mk.
Einnahmen und 4 921 Mk. Ausgaben und die Schauſtellungen außer-
halb der Meſſe (Zirkus, Seiltänzerveranſtaltungen uſw.) mit 1000 Mk.
Einnahmen im Jahre 1908;

b) der Fruchtmarkt mit 636 Mk. Einnahmen (für Benutzung des
Kornhauſes) und 253 Mk. Ausgaben;

c) die Vieh- (Großvieh- und Schweine-)märkte mit 5 096 Mk. Einnahmen und 1374 Mk. Ausgaben;

d) der Wochenmarkt (Viktualien-, Obſt-, Kartoffel-, Kraut-, Rüben-,
Hanf-, Holz-, Korb-, Kübler- und Geſchirrmarkt) mit

	Einnahmen	Ausgaben
Platzgeldern	33 200 Mk.	
Waggebühren	1 664 „	} 9 583 Mk.
Einſtellgebühren (für Benutzung des Kaufhauſes)	1 200 „	

Die Verwaltung des Marktweſens wird vom ſtädtiſchen Marktamt
beſorgt, welches mit der Reviſion verbunden iſt. Das eigentliche Markt-
perſonal beſteht aus dem Marktmeiſter und drei Gefälleinziehern; die

---

[1] Behufs Schaffung einer geeigneten Unterkunft für die einheimiſche Bevölke-
rung und für fremde Reiſende iſt gleichzeitig noch die Erbauung eines großen
Hotels ſeitens der Stadt geplant, für welches ſchon vor Jahren ein geeigneter
Bauplatz erworben worden iſt.

Herrichtung und Reinigung des Markt=(Münster)=platzes erfolgt durch die Arbeiter des städtischen Tiefbauamts.

Die Stadt erzielt aus der Selbstverwaltung des Marktwesens jedes Jahr einen sehr beträchtlichen Reinertrag, der sich z. B. im Jahre 1908 auf rund 52 600 Mk. belief gegenüber 40 700 Mk. im Jahre 1900 und 21 850 Mk. im Jahre 1890.

Wochenmarkt findet mit Ausnahme Sonn= und Feiertags jeden Tag auf dem Münsterplatz statt, Frucht=, Kartoffel=, Schweine= und Holz= markt jeweils Samstags, Großviehmarkt zweimal im Monat und die Messe wird zweimal im Jahre, im Mai und Oktober abgehalten.

Das Auf= und Abschlagen der Meßbuden geschieht in städtischer Regie, da sich dieses System auch hier als das billigste und vorteilhafteste für den Stadtsäckel erwiesen hat.

Die zwei öffentlichen Wagen bei den Verbrauchssteuererhebungs= stellen werfen jedes Jahr einen Reingewinn von 1200—1400 Mk. (1908: 1250, 1900: 1370, 1890: 570 Mk.) ab.

Schließlich ist noch die städtische Eichanstalt zu erwähnen, welche aus einem etatmäßig angestellten Eichmeister und einem Gehilfen besteht. Es wurden in den letzten Jahren durchschnittlich 7000 bis 8000 Eichungen und 3000—4000 Prüfungen von bereits gestempelten Gegenständen vorgenommen und dafür 10 000—11 000 Mk. an Eichgebühren vereinnahmt, so daß sich nach Abzug der Unkosten im Betrage von 4000 bis 5000 Mk. jeweils ein Überschuß von 6000—7000 Mk. ergibt. Der aus dem Betrieb und der Verwaltung dieser Anstalt erzielte Reingewinn betrug z. B.:

im Jahre 1908 . . . 6535 Mk.
„   „   1900 . . . 2455 „
„   „   1890 . . . 380 „

5. Der Schlacht= und Viehhof.

Die jetzigen Schlacht= und Viehhofanlagen wurden im Jahre 1886 auf städtischem Gelände in unmittelbarer Nähe des alten Güterbahnhofs mit einem Kostenaufwand von 826 000 Mk. einschließlich des Grundstücks= preises (36 100 Mk.) und der Kühlanlage (126 000 Mk.) von der Stadt= gemeinde erstellt und sofort in eigene Verwaltung genommen. Die Er= bauung eines allen Ansprüchen an Reinlichkeit und Gesundheit sowie eines gesteigerten Geschäftsbetriebs entsprechenden Schlachthofs konnte nicht mehr länger hinausgeschoben werden, da das alte, vor mehr als 100 Jahren für etwa 16 000 Einwohner geschaffene Schlachthaus sich schon lange nach jeder Richtung hin als unzulänglich erwiesen hatte.

Zahl der Schlachtungen von 1886—1908.

Jahr	Großvieh:					Kleinvieh:					Pferde
	Ochsen	Farren	Kühe	Rinder	Großvieh überhaupt	Schweine	Kälber	Schafe	Ziegen	Kleinvieh überhaupt	
1886	2 289	567	2 223	2 027	7 106	11 898	13 467	3 088	57	28 510	—
1887	2 544	454	2 365	2 057	7 420	13 154	14 754	3 144	80	31 174	—
1888	2 670	489	2 400	2 330	7 889	13 600	15 820	3 184	107	32 711	—
1889	2 634	635	2 140	2 136	7 545	13 622	14 691	3 320	130	31 766	—
1890	2 701	682	1 741	1 256	6 380	12 761	13 329	3 304	115	29 569	60
1891	2 615	676	1 461	1 074	5 826	13 543	12 315	2 963	127	28 948	65
1892	2 607	752	1 509	1 470	6 338	14 135	12 666	3 089	149	30 039	218
1893	2 597	870	2 063	2 550	8 080	14 361	14 331	3 467	179	32 338	241
1894	2 464	1 218	1 134	985	5 801	15 093	11 096	3 496	189	29 870	192
1895	2 696	1 037	1 087	744	5 564	17 090	11 151	3 041	146	31 428	198
1896	2 894	995	1 437	1 025	6 351	19 523	12 616	3 137	274	35 550	231
1897	2 936	902	2 071	1 383	7 292	19 991	13 805	3 304	310	37 410	206
1898	3 168	846	2 104	1 250	7 368	19 424	14 014	3 584	289	37 311	196
1899	3 261	811	2 040	861	6 973	20 256	12 786	3 376	258	36 676	209
1900	3 138	817	2 360	1 083	7 398	22 347	13 977	3 168	246	39 738	184
1901	3 105	980	2 735	1 294	8 114	24 011	14 620	3 239	260	42 130	220
1902	3 197	1 181	2 549	1 017	7 954	23 384	15 001	3 107	217	41 709	258
1903	3 375	1 011	2 683	567	7 636	26 286	15 069	2 777	209	44 339	269
1904	3 459	901	2 689	602	7 651	28 145	15 321	3 071	178	46 715	237
1905	3 578	969	2 928	687	8 162	26 410	15 555	3 236	200	45 401	308
1906	3 580	827	2 991	760	8 158	24 434	16 173	2 900	174	44 509	343
1907	3 369	725	2 780	684	7 558	27 769	15 401	2 624	152	45 946	265
1908	3 202	1 014	2 767	635	7 618	28 186	15 923	2 743	142	46 994	241

Die Schlachthofanlage umfaßt den eigentlichen Schlachthof mit besonderen Schlachthallen für Großvieh, Kleinvieh und Schweine und den
daran angrenzenden Viehhof mit einem geräumigen Platz für den Vieh-
markt samt zwei Ruheställen für Groß- und Kleinvieh. Der Kühlraum
besteht aus 111 Kühlzellen, welche zum Preise von 40 Mk. pro Quadratmeter an die Freiburger Metzger vermietet werden. Mit dem Schlachthof
ist ferner noch eine Freibank und Fleischhackerei verbunden.

Das gesamte Anlagekapital (Baukosten) dieses städtischen Betriebes
beträgt 977 324 Mk. Die vorstehende Tabelle (auf Seite 29) enthält eine
Zusammenstellung der Schlachtungen von 1886—1908.

Der Auftrieb auf den städtischen Viehhof bezifferte sich im Jahre
1908 auf 14 670 Stück Rindvieh, 3224 Kälber, 5118 Schweine und
132 Schafe.

Nach § 1 der Schlachthausordnung darf innerhalb der Gemarkung
Freiburg das Schlachten von Groß- und Kleinvieh einschließlich Zicklein,
Lämmlein, Ferkeln, Pferden, Eseln, Maultieren, Mauleseln und Hunden,
und zwar sowohl das gewerbsmäßige als das nichtgewerbsmäßige
Schlachten nur im städtischen Schlachthause vorgenommen werden;
ausgenommen vom Schlachthauszwang sind nur die Notschlachtungen.

Den Bewohnern der Vororte Günterstal, Haslach, Zähringen und
Betzenhausen sowie des (etwas entlegeneren) Stadtteils Herdern ist jedoch
das Schlachten von Schweinen, deren Fleisch der Besitzer der Tiere im
eigenen Haushalt verwenden will, gestattet. Diese Erlaubnis kann auch
den Bewohnern entlegener Häuser und Gehöfte ausnahmsweise von der
Ortspolizeibehörde gewährt werden.

Die Verwaltung des Schlachthauses sowie die Leitung des
gesamten Betriebs führt der als Verwalter angestellte erste Tierarzt unter
Oberaufsicht der Schlacht- und Viehhofkommission, deren Mitglieder
jeweils vom Stadtrat ernannt werden. Er ist dafür verantwortlich, daß
der Betrieb allen Anforderungen in hygienischer und technischer Beziehung entspricht.

Das Personal der Schlacht- und Viehhofverwaltung besteht gegenwärtig außer dem Verwalter aus 3 weiteren Tierärzten, je 1 Kassier,
Verwaltungsassistenten und Verwaltungsgehilfen, 1 Maschinenmeister,
1 Wagmeister und Aufseher, 1 Hallenmeister, 1 Pförtner, 2 Heizern,
2 Hackern, 5 Schlachthausarbeitern und 1 Brühburschen. Der Verwaltungsaufwand beträgt rund 50 000 Mk. Im Besitze von Dienstwohnungen befinden sich 5 Beamte und 7 Arbeiter.

Die Schlachtvieh= und Fleischbeschau findet für die ganze Gemarkung Freiburg ausschließlich im städtischen Schlachthof durch die eigens dafür angestellten Schlachthaustierärzte statt. In den gewöhnlichen Verkaufslokalen und auf den öffentlichen Fleischbänken darf nur bankwürdiges (vollwertiges), d. h. nur solches Fleisch feilgehalten und verkauft werden, das von gesunden Schlachttieren herrührt, ordnungsgemäß geschlachtet und von dem Fleischbeschauer als zum Genusse für Menschen tauglich erklärt ist.

Der Verkauf des nichtbankwürdigen (minderwertigen) Fleisches ist nur auf der städtischen Freibank im Schlachthof gestattet und darf nur in Mengen unter 3 kg und unter einer diese Beschaffenheit erkennbar machenden Bezeichnung feilgehalten oder verkauft werden. Fleisch auswärts geschlachteter Tiere muß während der Schlachtzeit — von 7 Uhr morgens bis 5½ Uhr abends — der Beschau im städtischen Schlachthof unterstellt werden.

Für die Benutzung der Schlacht= und Viehhofanlage werden von den Metzgern bzw. Händlern folgende Abgaben erhoben:

1. Schlachtgebühren:

	Mk.	Pf.
Für 1 Ochsen, 1 Rind I. Schwere (von 250 kg und darüber)	3	90
„ 1 Ochsen, 1 Rind II. Schwere (von 200 kg bis ausschließlich 250 kg)	3	90
„ 1 Ochsen, 1 Rind III. Schwere (unter 200 kg)	2	90
„ 1 Farren (Stier) I. Schwere (von 200 kg und mehr)	3	90
„ 1 Farren (Stier) II. Schwere (unter 200 kg)	2	90
„ 1 Kuh I. Schwere (von 200 kg und mehr)	3	90
„ 1 Kuh II. Schwere (unter 200 kg)	2	90
„ 1 Schwein	1	80
„ 1 Kalb	1	—
„ 1 Schaf	—	90
„ 1 Ziege	—	70
„ 1 Pferd	4	—
„ 1 Zicklein, 1 Spanferkel, 1 Lämmlein	—	20

Bei Notschlachtungen von einheimischen Landwirten wird keine Schlachtgebühr erhoben.

2. Wieggebühren.

	Mk.	Pf.
Für 1 Schwein	—	40
„ 1 Kalb, 1 Schaf, 1 Ziege, 1 Zicklein, 1 Spanferkel, 1 Lämmlein	—	20
„ 1 Fell (von Kleinvieh)	—	10
„ das Abwiegen eines Viertels Fleisch	—	10
„ „ „ von Fett in beliebigen Quantitäten	—	10

Das Wiegen von im städtischen Schlachthause geschlachtetem Großvieh und dessen Häute geschieht unentgeltlich.

3. Hackgebühren.

	Mk.	Pf.
Für 1 kg gehacktes Fleisch	—	03

Die Mindestgebühr für gehacktes Fleisch beträgt
50 Pf. (17 kg à 3 Pf.)

4. Stallgebühren.

	Mk.	Pf.
Für 1 Stück Großvieh, 1 Pferd	—	20
„ 1 „ Kleinvieh (Schwein, Kalb, Schaf, Ziege, Zicklein, Spanferkel, Lämmlein)	—	10

5. Futtergebühren.

	Mk.	Pf.
Für 1 Ration Futter (10 Pfund Heu)	—	40
„ 1 Ration Schweinefutter	—	40
„ das Tränken der Kälber mit Milch	—	40
„ Kleie, pro Pfund	—	08
„ Salz, „ „	—	05

6. Gebühren aus Kaldaunenwäsche.

	Mk.	Pf.
Für 1 Stück Großvieh	—	60

7. Beschaugebühren.

	Mk.	Pf.
Für von auswärts eingeführtes inländisches Fleisch, pro Kilo	—	01
„ von auswärts eingeführte geschlachtete Zicklein, Ferkel und Lämmlein, pro Stück	—	10

Für die Untersuchung des in das Zollinland eingehenden Fleisches werden folgende Gebühren erhoben:

a) bei frischem Fleisch:

		Mk.	Pf.
1.	Für ein Stück Rindvieh (ausschließlich der Kälber) oder ein Renntier	2	50
2.	„ ein Kalb	—	75
3.	„ ein Schwein oder Wildschwein	—	75
4.	„ ein Schaf oder eine Ziege	—	60
5.	„ ein Pferd oder ein anderes Tier des Einhufergeschlechts (Esel, Maultier, Maulesel)	3	—

b) bei zubereitetem Fleisch
(ausgenommen Fett)

		Mk.	Pf.
6.	von Därmen für jedes Kilogramm	—	01
7.	„ Speck für jedes Kilogramm	—	02
8.	„ sonstigem zubereitetem Fleische für jedes Kilogramm	—	25

Jedoch sind von Därmen mindestens . 0,40 Mk., von sonstigem zubereitetem Fleisch mindestens 0,50 Mk. für jede Sendung zu erheben.

Was die Rentabilitätsverhältnisse des städtischen Schlacht- und Viehhofs anbetrifft, so wirft derselbe in der letzten Zeit jedes Jahr

außer den Zinsen und Tilgungsbeträgen für das Anlagekapital in Höhe
von 48 870 Mk. einen mäßigen Reingewinn von 15 000—20 000 Mk.
ab, der je hälftig an den Reservefonds und die Stadtkasse abgeliefert wird.
Die letztere erhält ferner für Rechnungsführung, Revision der Rechnung,
sowie für Leitung und Beaufsichtigung der Unterhaltungsarbeiten an den
Schlachthaus= und Viehhofgebäuden durch die Beamten des Hochbauamts
jährlich eine Summe von 2000 Mk. und die städtische Pensions=,
Witwen= und Waisenkasse 9 % des Gesamtdiensteinkommens der etat=
mäßig angestellten Beamten (von zur Zeit 33 650 Mk. = 3028 Mk.) zu=
gewiesen.

Der an die Stadtkasse abgelieferte Reingewinn betrug:

1889	. .	4 600 Mk.	1901	. . 13 235 Mk.
1892	. .	790 „	1904	. . 17 691 „
1895	. .	—	1907	. . 6 645 „
1898	. .	14 148 „	1908	. . 9 465 „

Der Reservefonds war Ende 1908 auf 58 210 Mk. angewachsen. Die
Summe der bisherigen Verwendungen aus diesem Fonds für Erweiterungen,
Reparaturen und Neuanschaffungen von Maschinen und Gerätschaften usw.
beziffert sich auf 134 561 Mk.

6. Die Sparkasse[1].

Die städtische Sparkasse wurde im Jahre 1826 von der Be=
urbarung gegründet. Neben der Bonndorfer (gegr. 1763 von Fürst=
abt Martin Gerbert von St. Blasien), Karlsruher (1816) und Mann=
heimer (1822) Kasse gehört sie zu den ältesten Geldinstituten dieser
Art in ganz Baden und verfügt gegenwärtig über den größten Einlage=
bestand. Die Verwaltung der Freiburger Sparkasse wurde der Beurbarungs=
verwaltung übertragen, welch letztere auch die Haftbarkeit in erster Linie
für das neue Institut übernommen hat. Dafür fließen der Beurbarung
auch die etwaigen Überschüsse der Sparkasse zu, welche sie größtenteils
zur Verwendung für gemeinnützige Zwecke wiederum an die Stadtkasse
abliefert. In zweiter Linie haftet die Stadtgemeinde mit ihrem ganzen
Vermögen und mit ihrer Steuerkraft.

Tatsächlich hat die Beurbarung aber schon seit dem Jahre 1803
nebenbei den Zweck einer Sparkasse erfüllt. Auf eine unterm 16. Oktober

---

[1] Die folgenden Ausführungen sind dem Rechenschaftsbericht der städtischen
Sparkasse für das Jahr 1908 entnommen.

1803 von dem Weltpriester Heinrich Sautier — dem Stifter — aus=
gegangene schriftliche Anregung wurde von der Beurbarungskommiſſion
unterm 30. Oktober 1803 beschloſſen, jederzeit die Gelder der Waiſen
und von ſämtlichen Dienſtboten in Beträgen von 25 fl. an, ſowie alle
Prämiengelder von Zöglingen der Sautierſchen Stiftung gegen Schuld=
ſcheine anzunehmen und mit 5 % zu verzinſen. Am 15. Januar 1827,
wo die Sparkaſſe ihre Tätigkeit begonnen hat, betrug das Guthaben der
Einleger bei der Beurbarungskaſſe bereits 96 000 fl.

Die beiden Inſtitute Sparkaſſe und Beurbarung ſind heute noch
eng miteinander vereinigt. Die Mitglieder der Sparkaſſenkommiſſion
werden ſatzungsgemäß nur aus der Reihe der Mitglieder der Beurbarungs=
kommiſſion gewählt. Die Verwaltung der Beurbarung und der Spar=
kaſſe iſt in einer Perſon vereinigt, ebenſo haben beide einen gemeinſchaft=
lichen Sekretär. Bei der Sparkaſſe ſind ſodann weiter angeſtellt: 1 Kaſſen=
buchhalter, 1 Kontrolleur, 1 Verwaltungsaſſiſtent, 1 Verwaltungsgehilfe
und 1 Diener.

Die Kaſſe beſchränkte ihren Wirkungskreis zunächſt auf die Annahme
kleiner Erſparniſſe von Einwohnern der Stadt; ſie mußte indeſſen den
Bedürfniſſen der Zeit entſprechend öfters ihren Geſchäftsbetrieb erweitern
und ihre Satzungen ändern. Wie die übrigen gemeinnützigen Inſtitute
ähnlicher Art, ſo will auch die Freiburger Kaſſe in erſter Linie die ver=
zinsliche Anlage von Sparpfennigen ermöglichen, auf der anderen Seite
bietet ſie aber auch dem Kapitalſuchenden Gelegenheit, Darlehen auf
kürzeſtem und billigſtem Wege zu äußerſt günſtigen Bedingungen zu er=
halten und abzutragen.

Der Hypothekenbeſtand bezifferte ſich Ende 1908 auf
29 884 590 Mk. Um vermehrte Gelegenheit zur Anſammlung von kleinen
und kleinſten Sparbeträgen zu bieten, hat die Kaſſe auch ſogenannte
Heimſparkaſſen eingeführt. Die Sparbüchſen bleiben Eigentum der
Sparkaſſe. Die Abnehmer zahlen als Sicherheitsleiſtung den Betrag von
3 Mk., welcher bei Ablieferung der unbeſchädigten Sparbüchſe wieder
zurückgegeben wird. Ende Auguſt 1907 wurde mit der Ausgabe dieſer
Büchſen begonnen; Ende 1908 waren bereits 830 Stück im Gebrauch,
welche im Laufe des vergangenen Jahres nahezu 32 000 Mk. einbrachten.

Mit Wirkung vom 1. Januar 1908 an wurde ferner an Stelle der
bisherigen monatlichen Verzinſung der Einlagen, wobei jedoch die an den
drei erſten Werktagen eines Monats einbezahlten und die an den drei
letzten Werktagen eines Monats erhobenen Beträge für den ganzen Monat
verzinſt wurden, die tägliche Verzinſung für alle Einlagen ein=

geführt. Ebenso wurde die Kündigungsfrist für Einlagen über 1000 Mk. von sechs auf drei Monate herabgesetzt. Die in den Satzungen vorgesehenen Kündigungsfristen kommen aber in der Regel nicht zur Anwendung; die Kasse zahlt vielmehr auf Verlangen jederzeit jeden Betrag ohne Kündigung bedingungslos aus.

Wie die folgenden Übersichten zeigen, hat sie im Laufe der Jahre eine recht erfreuliche Entwicklung genommen und beträchtliche Überschüsse erzielt. Nach dem jüngsten Rechnungsabschluß vom 31. Dezember 1908 beträgt das Bruttovermögen der Kasse 33 936 003 Mk., das Reinvermögen 2 038 357 Mk., die Zahl der Einleger 28 751, der Reservefonds 1 646 157 (= 5,16 % des Einlegerguthabens) und der Reingewinn für 1908 192 768 Mk. Das Guthaben der Einleger stellte sich Ende 1908 auf insgesamt 31 888 005 Mk. gegenüber 17,1 Millionen im Jahre 1897 und 11,9 Millionen in 1890. Die Guthaben verteilen sich auf die 28 751 bzw. 16 183 Einleger in den nachgenannten Jahren wie folgt:

			1908		1895	
von	1— 50	Mk.	4821	= 17 %	2563	= 16 %
„	51— 100	„	2496	= 9 %	1456	= 9 %
„	101— 250	„	5074	= 18 %	2873	= 18 %
„	251— 500	„	4062	= 14 %	2397	= 15 %
„	501— 1000	„	4202	= 14 %	2523	= 16 %
„	1001—2000	„	3710	= 13 %	2214	= 13 %
„	2001—5000	„	3077	= 11 %	1560	= 9 %
„	über 5000	„	1309	= 4 %	597	= 4 %.

Auf ein Sparbuch kam 1908 durchschnittlich eine Einlage von 1109,11 Mk. (1907: 1080,90 Mk., 1905: 1106 Mk.). Unter Zugrundelegung einer mittleren Bevölkerungszahl von 80 000 entfielen auf 100 Einwohner im Durchschnitt 35,94 Sparbücher.

Außer dem gesetzlichen Reservefonds in Höhe von 1 646 157 Mk. verfügt die Kasse noch über eine besondere Reserve von insgesamt 392 200 Mk. = 1,23 % des Einlegerguthabens, welche aus Restüberschüssen von früheren Jahren angesammelt wurde und es ermöglichen soll, die jährlichen Ablieferungen an die Beurbarungs- bzw. Stadtkasse stets in der gleichen Höhe zu leisten, wodurch eine gewisse Stabilität des Umlage-(Gemeindesteuer)-fußes herbeigeführt wird. Für gemeinnützige Zwecke wurden seit Bestehen des Instituts (82 Jahren) die ansehnliche Summe von 3 299 785 Mk. verwendet.

Der Einlagezinsfuß, welcher sich in den früheren Jahren durchschnittlich auf 3¼—3½ % belief, mußte in den letzten Jahren infolge des ſtarken Geldabfluſſes wiederholt erhöht werden und betrug das ganze Jahr 1908 hindurch 4 %; am 1. Januar 1909 wurde er wieder auf $3^8/4$ % ermäßigt. Mit der Steigerung des Einlagezinſes von $3^1/2$ auf 4 % am 1. Januar 1908 mußte auch eine Erhöhung des Zinsfußes für Hypotheken von $4^1/4$ auf $4^1/2$ % erfolgen, welcher Satz heute noch in Kraft iſt.

Die nachſtehende Überſicht illuſtriert die Entwicklung der Sparkaſſe in den letzten 19 Jahren.

Jahr	Einlagen	Rückzahlungen	Gutgeſchriebene Zinſen	Guthaben der Einleger am Jahresſchluſſe	Zahl der Einleger	Umſatz	Reingewinn
	Mk.	Mk.	Mk.	Mk.	Mk.	Mk.	Mk.
1890	2 156 405	2 576 276	359 421	11 924 461	13 802	8 480 995	127 046
1891	2 153 806	2 596 049	352 999	11 835 218	13 702	8 623 783	133 745
1892	2 867 396	2 249 855	401 396	12 854 156	14 266	9 957 253	102 843
1893	3 012 293	2 343 345	441 663	13 964 767	14 900	10 840 530	95 991
1894	3 143 301	2 746 245	440 435	14 802 259	15 441	10 948 974	130 516
1895	3 598 649	2 943 423	465 287	15 922 772	16 183	14 286 109	124 277
1896	3 722 844	3 696 697	450 315	16 399 235	16 948	18 564 875	151 205
1897	3 857 070	3 616 957	466 509	17 105 856	17 574	18 213 855	179 831
1898	3 900 682	3 771 886	484 886	17 719 539	18 234	16 051 526	150 287
1899	4 359 516	4 093 910	546 462	18 531 607	19 124	16 697 289	100 197
1900	4 154 434	4 149 526	566 312	19 102 827	19 781	18 051 661	174 760
1901	5 288 507	3 808 218	656 683	21 239 799	21 067	18 569 691	75 576
1902	6 065 217	4 656 544	725 101	23 373 574	22 039	21 734 407	84 922
1903	6 622 133	5 567 003	788 112	25 216 816	22 997	24 667 494	102 547
1904	6 569 515	6 017 138	784 802	26 553 995	23 826	27 161 257	163 438
1905	6 446 130	5 988 738	834 749	27 846 135	24 861	28 545 974	171 218
1906	6 664 409	6 610 511	859 304	28 759 338	26 001	27 711 278	196 985
1907	6 555 937	7 098 746	954 880	29 171 408	26 988	26 628 289	222 210
1908	8 336 499	6 775 411	1 155 509	31 888 005	28 751	31 351 779	192 767

Der Aufwand für die Verwaltung des erfreulich aufgeblühten Inſtituts erforderte im Jahre 1908 nur die verhältnismäßig geringe Summe von 28 000 Mk. Erheblich höher aber werden die Verwaltungskoſten werden, wenn einmal das neue Gebäude, welches zum Kaufpreiſe von 310 000 Mk. von der Stadtgemeinde erworben wurde und mit einer weiteren Summe von 350 000 Mk. entſprechend umgebaut und eingerichtet werden ſoll, von der Sparkaſſe bezogen iſt.

Mit der Abtretung dieſes Gebäudes an die Sparkaſſe hat die Stadtverwaltung einen doppelten Zweck erreicht: einmal wird auf dieſe Weiſe das „Falkenſteinſche" Haus (Franziskanerſtraße 3), dieſes ſchönſte und hiſtoriſch wertvollſte gothiſche Patrizierhaus der Stadt, welches der volksbeliebte Kaiſer Maximilian I. um 1500 ſich für ſeinen einſtigen Witwerſitz hat erbauen laſſen, für alle Zeiten in ſeiner urſprünglichen Geſtalt und unter Entfernung mancher Zutaten einer ſpäteren Periode erhalten und gleichzeitig in einer dem modernen

Leben zweckdienlichen Weise wieder hergestellt, auf der anderen Seite wird aber auch für ein so wichtiges Gemeindeinstitut wie die Spar= kasse ein eigenes Verwaltungsgebäude geschaffen, wie es im Hinblick auf seine bevorzugte Lage in der Mitte der Stadt und auf seine Zu= gänglichkeit von zwei verschiedenen Straßen aus nicht zweckmäßiger und schöner gedacht werden kann.

Freilich ist die Summe der Umbau= und Einrichtungskosten eine sehr hohe, und es werden sich der Zins und eine etwaige mäßige Amortisation aus der Gesamtsumme von 660 000 Mk. in der Verminderung der verfügbaren Überschüsse der Kasse schon bemerkbar machen. Allein der seit einigen Jahren an die Stadtkasse abgelieferte Beitrag von 144 000 Mk. für gemeinnützige Zwecke wird dadurch nicht berührt, da schon bei dem heutigen Vermögens= stand der Anstalt — Reinvermögen von über 2 Mill. Mk. — ein jährlicher Überschuß gesichert ist, mit welchem die durch die neue Er= werbung und die erforderlichen Umbauten bedingten Ausgaben un= beschadet jener Ablieferung unschwer bestritten werden können.

7. Das Leihhaus[1].

Das Leihhaus ist wie die Sparkasse eine Gründung der städtischen Beurbarung.

Unterm 31. Oktober 1810 wurde vom Großherzog Karl Friedrich die landesherrliche Genehmigung zur Errichtung einer Leihbank in Freiburg erteilt. Ihre Einführung geschah zur „Steuerung des schädlichen Wuchers und zum Besten der dürftigen Volksklassen." Den Einwohnern der Stadt und der näheren Umgebung sollte dadurch Gelegenheit geboten werden, in dringenden Fällen Darlehen gegen Verpfändung beweglicher Sachen zu erhalten, ohne sich der Gefahr aussetzen zu müssen, durch über= mäßige Zinsen oder willkürliche Abdrückung des Faustpfandes geschädigt zu werden. Dem stillen Unwesen des Wuchers, unter welchem damals weite Volkskreise, insbesondere in Zeiten der Kriegsnot, Erwerbslosigkeit und allgemeinen Lebensmittelteuerung zu leiden hatten, konnte ledig= lich durch eine solche gemeinnützige Anstalt vorgebeugt werden.

Nach den bestehenden Verhältnissen wurde die Schaffung und Er= haltung eines Leihhauses nur durch das Eintreten der bürgerlichen Be= urbarungsgesellschaft ermöglicht, welche die zur Gründung nötigen Mittel zur Verfügung stellte, und soweit solche durch Anleihen aufzubringen waren, mit ihrem Kredit und Vermögen dafür einstand.

---

[1] Die folgenden Ausführungen sind den Jahresberichten für 1906 und 1907 entnommen.

Leitung und Aufsicht über das Leihhaus steht einer Kommission von sechs Mitgliedern zu, welche außer dem Vorsitzenden und dessen Stellvertreter aus der Zahl der Beurbarungskommissionsmitglieder vom Stadtrat ernannt werden. Die Verwaltung besteht aus einem Verwalter und Kassier, einem Kontrolleur und Schätzer, ferner einem besonderen Gold-, Silber- und Juwelenschätzer sowie einem Magaziner und Diener. Der Verwaltungsaufwand der Anstalt belief sich im Jahre 1907 auf 12 213 Mk.

Der Versatz ist in der Regel im Januar am größten, im August dagegen am geringsten. Die gesteigerte Inanspruchnahme des Leihhauses während der Wintermonate ist in der Hauptsache auf die für die arbeitende Bevölkerung ungünstigen Erwerbs- und Arbeitsverhältnisse in dieser Zeit zurückzuführen. Die Faschingszeit macht sich bei der Freiburger Anstalt bezüglich des Pfänderverkehrs nur in geringem Grade bemerkbar. Während der Woche erreicht der Versatz am Montag und Dienstag seinen Höhepunkt, während am Samstag vorwiegend die Einlösung von Pfändern erfolgt. Im Jahre 1907 wurden durchschnittlich 114 Pfänder im Tage geschäftlich behandelt gegen 120 bzw. 127 in den beiden Vorjahren. Zur Versteigerung gelangten 10,15 % der im Vorjahr eingesetzten Pfänder. Nicht nur von Einheimischen, sondern auch von durchreisenden und vorübergehend sich in Freiburg aufhaltenden Personen wird die Anstalt häufig in Anspruch genommen. Der Versand von eingelösten Pfändern nach auswärts betrug 1907 449 Stück gegenüber 452 im Vorjahr.

Die Beleihungsdauer der im Jahre 1907 eingelösten 15 543 Stück Pfänder hat betragen bei

3963	Stück	1	Monat		1313	Stück	7	Monate
1383	„	2	Monate		897	„	8	„
838	„	3	„		774	„	9	„
828	„	4	„		641	„	10	„
866	„	5	„		680	„	11	„
851	„	6	„		1105	„	12	„
					1404	„	13	„

Die am häufigsten zum Pfande angebotenen Gegenstände sind Gold- und Silbersachen, Kleidungsstücke, Wäsche und Weißzeug, Betten, Schuhzeug, Fahrräder, Musikinstrumente, Wand- und Standuhren, Nähmaschinen und Schußwaffen.

Was die Höhe der gewährten Darlehen (rund 115 000 Mk.) anbetrifft, so befanden sich 1907 unter 16 955 Pfändern

13 477 Stück mit einem Darlehen von   2—   9 Mk.

3 111   „   „   „   „   „ 10—   49   „

298   „   „   „   „   „ 50—   99   „

67   „   „   „   „   „ 100— 399   „

2   „   „   „   „   „ 400—1000   „

Die Anstalt wird also entsprechend ihrem Zwecke vorwiegend von solchen Personen benutzt, denen mit einem kleinen Vorschuß aus augenblicklicher Not geholfen ist. Im Jahre 1907 sind im ganzen 9 und 1906 10 Pfänder widerrechtlich zum Versatze gekommen.

Die Pfänderbewegung gestaltete sich in den letzten 11 Jahren folgendermaßen:

Jahr	Versetzt		Eingelöst		Versteigert	
	Stück	Darlehen	Stück	Darlehen	Stück	Darlehen
		Mk.		Mk.		Mk.
1897	16 898	148 101	14 714	128 280	1 989	17 175
1898	16 778	148 630	15 125	133 324	2 069	16 932
1899	16 724	156 201	14 864	140 491	1 769	14 322
1900	15 704	155 208	14 909	136 035	2 008	16 020
1901	16 847	171 918	14 513	153 858	1 635	13 217
1902	17 968	165 204	15 942	152 724	1 671	13 171
1903	18 060	172 256	16 468	158 589	1 574	13 516
1904	18 670	170 187	16 960	160 280	1 592	11 893
1905	19 042	174 930	17 417	157 712	1 658	13 482
1906	17 815	164 170	16 689	159 044	1 735	15 118
1907	16 955	151 450	15 543	142 618	1 810	15 087

Das Reinvermögen der Anstalt bezifferte sich Ende 1907 auf 64 661 Mk. Etwaige Betriebsüberschüsse (im Jahre 1907 z. B. 2188 Mk., 1906: 1400 Mk.) werden jeweils dem Betriebskapital zugeschlagen und wie das übrige Vermögen in Darlehen auf Pfänder angelegt.

8. Schwimm- und Badeanstalten.

a) Das Schwimmbad.

Das Schwimmbad an der Dreisam, welches in den 60er Jahren des vorigen Jahrhunderts von einer eigens zu diesem Zweck gebildeten Aktiengesellschaft gegründet worden war, befindet sich seit Anfang der siebziger Jahre im Besitze der Beurbarung. Es ist nur während der Sommermonate geöffnet und die größte Fluß-Badeanstalt am Platze. Außer Schwimm- können auch Douche- und Einzelbäder genommen

werden. Die Aufsicht führt neben zwei Schwimmlehrern ein städtischer
Badmeister, der außerhalb der Badezeit bei der Sparkasse beschäftigt ist.
Über Betriebsergebnisse und Frequenz gibt die folgende Tabelle Aus=
kunft:

Jahr	Einnahmen (aus Bädern und Wohnungsmiete des Badmeisters)	Ausgaben (für Reparaturen, Gehälter usw.)	Anzahl der Bäder
	Mk.	Mk.	
1897	7 501	3 527	51 132
1898	6 747	4 444	42 755
1899	7 250	4 421	46 624
1900	6 392	4 462	36 833
1901	6 044	3 364	36 893
1902	5 906	3 439	35 817
1903	5 721	4 043	34 057
1904	9 533	3 275	54 378
1905	8 732	4 146	49 166
1906	7 644	4 045	42 293
1907	6 293	4 179	34 035
1908	7 341	4 700	40 127

Die **Preise** für die Benutzung des Bades sind, wie folgt, fest=
gesetzt: Es kosten

    1 Abonnement für Einzel= und Schwimmbad 10 Mk.

      „   „   „ Schwimmbad . . . . . 6 „

      „   „   „ Schüler . . . . . . 4 „

      „   „   „ Schwimmunterricht . . . 6 „

    12 Karten für Einzelbad . . . . 3,50 „

      „   „   „ Schwimmbad ohne Kabinett 2 „

      „   „   „   „ mit „ 3 „

      „   „   „   „ für Kinder 1 „

    Einzelkarten für Schwimmbad ohne Kabinett 20 Pf.

      „   „   „ mit „ 30 „

      „   „   „ zu ermäßigtem Preis

    (an Sonntag=Nachmittagen) . . . . . 10 Pf.

    1 Einzelbad . . . . 40 „

Das städtische Schwimmbad repräsentiert mit dem dazu gehörigen
Grundstück einen Wert von mindestens 100 000 Mk.

Im Jahre 1903 erwarb die Stadt durch den Ankauf des Heim=
schen Anwesens an der Lorettostraße (34 859 qm für 500 000 Mk.)
noch die weitere in Freiburg vorhandene Kaltbadeanstalt, welche
aber nicht in eigene Verwaltung genommen, sondern verpachtet

wurde. Das Gut enthält außer dem Schwimmbad noch sehr wertvolles Baugelände und ausgedehnte Wirtschaftsräumlichkeiten, mit denen ein kleiner landwirtschaftlicher Betrieb und eine Eisgewinnungsanlage verbunden sind. Der jährliche Pachtpreis für das ganze Anwesen beträgt 10 000 Mk. Die Badpreise sind im allgemeinen etwas niedriger als bei der im Betriebe der Stadt befindlichen Badeanstalt.

Schließlich sei noch erwähnt, daß der Besitzer des Marienbades, der bedeutendsten und leistungsfähigsten Warmbadeanstalt in Freiburg, seit längerer Zeit eine städtische Subvention von gegenwärtig jährlich 4000 Mk. von der Stadt erhält, für welche ihm weitgehende Verpflichtungen den minderbemittelten Bevölkerungskreisen gegenüber bei Benützung des Bades auferlegt wurden.

b) Das Volksbad im Stühlinger Schulhaus.

Seit kurzer Zeit besitzt die Stadt auch eine Warmwasser=Badeanstalt in dem im Jahre 1907/08 neu erbauten Volksschulhaus im Stadtteil Stühlinger. Dieses Volksbad wurde am 28. April 1908 eröffnet und erfreut sich eines täglich sich steigernden Zuspruchs seitens der beteiligten Bevölkerungskreise, so daß die Badezeit wiederholt verlängert werden mußte. Auffallend war bisher nur, daß das Bad verhältnismäßig am wenigsten von Arbeitern benützt wurde. Die kleine Anstalt besteht aus 12 Brause= und 5 Wannenbädern und erforderte einen Bauaufwand von etwa 10 000 Mk.

In den acht Monaten seines Betriebs (Mai bis Dezember 1908) wurde das Bad von insgesamt 13 308 Personen besucht; es wurden 7067 Brause= und 6241 Wannenbäder verabfolgt. Für die Aufsicht und Bedienung ist ein Badmeister (Stadtarbeiter) angestellt, der mit seiner Frau auch das in demselben Schulhaus untergebrachte Schulbad zu überwachen und in Stand zu halten hat.

Die Rechnungsergebnisse für das erste Betriebsjahr können im Hinblick auf die niedrigen Badepreise in jeder Beziehung als sehr günstige bezeichnet werden. Die Gebühren für die Benützung des Bades sind nämlich folgendermaßen festgesetzt:

Für 1 Brausebad . . . . auf 10 Pf.

" 1 " mit Seife und Handtuch . . . " 15 "

" 1 Wannenbad . . . . " 25 "

" 1 " mit Seife und Handtuch . . . " 35 "

Das Bad ist mit Ausnahme Sonntags nur Nachmittags geöffnet, und zwar:

Für Männer		Für Frauen	
Sonntags von 8—11 Uhr		Mittwochs von 2—9 Uhr	
Dienstags „ 4—9 „		Freitags „ 2—9 „	
Donnerstags „ 4—9 „			
Samstags „ 2—9 „			

9. Die Gemeindezeitung [1].

Die Stadt Freiburg besitzt schon seit dem Jahre 1831 ein eigenes Gemeindeblatt, welches ursprünglich zweimal, später viermal in der Woche erschien und seit 1870 täglich mit Ausnahme Sonntags herausgegeben wird. Wie seine Bezeichnung, so hat sich auch seine Größe und sein Inhalt im Laufe der Zeit bedeutend verändert und erweitert. Erschien es früher wie die meisten öffentlichen Blätter in einem kleinen zweiblätterigen Quartformat, so umfaßt seine derzeitige Ausgabe in der Regel 3—5 Doppelbogen.

Die Freiburger Gemeindezeitung, welche den Titel „Freiburger Tagblatt, Verkündungsblatt und allgemeiner Stadtanzeiger" führt, bringt außer den Bekanntmachungen und Anzeigen der Reichs-, Staats- und Kirchenbehörden die für die Öffentlichkeit bestimmten Beschlüsse und Verfügungen, sowie sämtliche Ausschreibungen des Stadtrats und der städtischen Beamtungen, den wesentlichen Inhalt aus den Bürgerausschußvorlagen und die Verhandlungsberichte aus den Stadtverordnetensitzungen, Standesregisterauszüge, Telegramme, die wichtigsten politischen Tagesereignisse und Börsenberichte, Theater- und Konzertkritiken, ausführliche Lokalberichte, die wichtigsten Mitteilungen aus den Gerichts-, Bezirksrats-, Kreisversammlungs-, Land und Reichstagsverhandlungen usw., die Marktpreise der wichtigsten Lebensmittel und Gebrauchsartikel, den täglichen Polizeibericht, unterhaltenden Stoff und ein ausgewähltes Feuilleton, sowie als Sonntagsbeilage das Unterhaltungsblatt „der Hausfreund".

Während früher das „Tagblatt" bald im Selbstverlag der Gemeinde, bald im Verlag eines einheimischen Buchdruckers erschien, wird seit 1880 das Druck- und Verlagsrecht in sechsjährigen Perioden im Submissionswege an den meistbietenden Druckereibesitzer verpachtet. Der Pachtpreis für die gegenwärtige Periode (1904/10) beträgt 36500 Mk., wovon 1500 Mk. an den vom Stadtrat ernannten Kunstreferenten des Blattes zu entrichten sind.

---

[1] Vgl. meinen Aufsatz über „Gemeindezeitungen" im 128. Band (Gemeindebetriebe), 1. Bd. S. 353 ff.

Die Zahl der Abonnenten hat während des 78 jährigen Bestehens des Unternehmens eine beträchtliche Zunahme erfahren; sie betrug:

im Jahre 1833 310
„ „ 1844 750
„ „ 1870 . . . 1200
„ „ 1880 4000
„ „ 1894 5600
„ „ 1904 6400
„ „ 1908 7000

Das Gemeindeorgan ist neben der „Freiburger Zeitung" das verbreiteste Blatt Freiburgs. Der Abonnementspreis beträgt vierteljährlich 1,50 Mk. und 25 Pf. Trägerlohn, durch die Post bezogen mit Bestellgeld 1,92 Mk. Als Einrückungsgebühr werden bei Ortsanzeigen für die einspaltige Grund= oder kleine Zeile oder deren Raum 10 Pf., bei auswärtigen für die kleine Zeile 25 Pf. und für Reklamen 40 Pf. berechnet.

Die amtlichen Bekanntmachungen des Großherz. Bezirksamts, die Veröffentlichungen des Stadtrats und der städtischen Beamtungen, der verschiedenen Kommissionen, des Stiftungsrats, des Verwaltungsrats und der Verwaltung des Krankenhospitals, des Feuerwehrkommandos und der Feuerwehrkompagnien sowie der allgemeinen Stiftungsverwaltung sind unentgeltlich aufzunehmen, ebenso der vollständige Theaterzettel und die von der Theaterkommission ausgehenden Reklameartikel, die Programme für die auf städtische Kosten stattfindenden Musikproduktionen, sowie alle jene Bekanntmachungen und Artikel, welche vom Oberbürgermeister zur freien Aufnahme der Expedition übermittelt werden; in gleicher Weise sind auch andere städtische Beilagen, Programme und besondere Einladungen usw. zu behandeln. Alle diese Bekanntmachungen sind jeweils in der verlangten Spaltenbreite und in der bisher üblichen großen Schrift in die nächste Nummer und so oft einzurücken, als es die betreffenden städtischen Behörden anordnen; sie dürfen auch nicht willkürlich getrennt werden.

Der Verleger hat gegenwärtig ca. 70 Freiexemplare an die Gemeinde= und 30 an die Staatsbehörden abzuliefern; sollte der Stadtrat noch weitere bewilligen, so sind auch diese, sowie alle für die Akten erforderlichen Belegblätter unentgeltlich zu verabfolgen.

Am Schluß des Inseratenteils sind die wichtigsten telegraphischen Nachrichten, sowie die Berichte über die bedeutenderen politischen und sonstigen Tagesereignisse in kurzen Auszügen und zwar beides so zeitig als möglich und keinesfalls später als es in den andern Lokalblättern geschieht, zu bringen. Hierbei ist jedoch die Geltendmachung irgend eines politischen Parteistandpunktes sorgfältig zu vermeiden.

Der Pächter des „Tagblatts" ist verantwortlicher Redakteur für den Inseratenteil und das Feuilleton, während die Verantwortlichkeit für den politischen Teil einem vom Stadtrat ernannten städtischen Beamten übertragen ist. Der Verleger hat sich allen Anordnungen des Stadtrats bzw. Oberbürgermeisters zu fügen und die Weisungen des als Redakteur fungierenden städtischen Beamten wegen der Aufnahme oder Nichtaufnahme von Inseraten und politischen Nachrichten genau zu beachten. Die letzteren darf er selbst auswählen, muß sie aber vorher dem städtischen Redakteur zur Durchsicht und Genehmigung vorlegen; ebenso verhält es sich mit Inseraten und „Eingesandts", welche eine städtische Angelegenheit berühren. Wenn der Drucker wegen der Zulässigkeit der Aufnahme eines Inserats im Zweifel ist, so hat er die Entscheidung des Oberbürgermeisters einzuholen; von letzterem sowie von dem städtischen Redakteur bezeichnete Artikel sind in das Blatt stets aufzunehmen.

Dem Pächter ist ferner gegen eine Konventionalstrafe von 10 000 Mk. untersagt, nicht nur innerhalb der Pachtzeit, sondern auch noch während eines Jahres nach Ablauf derselben ein öffentliches Blatt, sei es eine Zeitung politischen Inhalts oder ein Anzeigeblatt in der Stadt Freiburg weder für eigene, noch auf fremde Rechnung herauszugeben oder zu drucken.

Die finanziellen Ergebnisse dieses Unternehmens sind für die Stadt die denkbar günstigsten, ohne daß sie auch nur das geringste Betriebskapital dafür flüssig zu machen brauchte. Die folgenden Zahlen illustrieren treffend die Rentabilität des „Freiburger Tagblatts" in den letzten 40 Jahren.

Es belief sich der Reinertrag:

im Jahre	1865	auf	600	Gulden
„ „	1870	„	1 200	„
„ „	1874	„	1 600	„
„ „	1876	„	4 000	Mk.
„ „	1880	„	9 450	„
„ „	1886	„	21 200	„
„ „	1892	„	27 000	„
„ „	1898	„	30 000	„
„ „	1904/10	„	35 000	„

Dazu kommen noch weitere 15 000 Mk., welche die Stadt für ihre zahlreichen Bekanntmachungen und Ausschreiben der verschiedensten Art,
sowie für die Veröffentlichung der oft sehr umfangreichen Sitzungs-
berichte der bürgerlichen Kollegien auszugeben hätte, und die daher bei
der Beurteilung des finanziellen Erfolgs des Preßunternehmens ebenfalls
in Betracht zu ziehen sind. Während in den meisten städtischen Voran-
schlägen hierfür besondere Ausgabeposten eingestellt sind, hat die Freiburger Stadtkasse nicht nur keine Auslagen, sondern erfreut sich noch
einer recht ansehnlichen jährlichen Einnahme.

Ein anderer großer Vorteil besteht für die Stadtverwaltung weiter noch
darin, daß sie infolge des Besitzes eines eigenen Blattes jederzeit in der Lage
ist, ihre Kundgebungen in der zweckdienlichsten Form und möglichst rasch
in einem der verbreitetsten Preßorgane der Stadt in die Öffentlichkeit zu
bringen und auf der andern Seite mißliebigen Artikeln und Inseraten
die Aufnahme zu versagen, von welchem Recht schon wiederholt Gebrauch
gemacht worden ist.

Der kommunale Gedanke hat sich also in Freiburg, wie bei den
übrigen wirtschaftlichen Betrieben und den zahlreichen gemeinnützigen Einrichtungen, so auch auf dem Gebiete des Zeitungswesens aufs beste
bewährt.

10. Die Plakatanstalt[1].

Das Plakatgeschäft befand sich bis zum Jahre 1894 im Besitz der
Firma H. M. Poppen und Sohn, von welcher die Stadt die Einrichtung
samt den Anschlagtafeln um den Kaufpreis von 2000 Mk. übernahm.
Außer den Tafeln wurden noch 15 zementene Plakatsäulen aufgestellt,
denen später weitere 10 folgten, so daß jetzt 50 Anschlagstellen zum Betrieb vorhanden sind. Die einmaligen Anschaffungskosten der Tafeln
und Säulen beliefen sich auf 7035 Mk.

Die Verwaltung des Plakatwesens wurde vom Stadtrat bis auf
weiteres dem städtischen Hochbauamt (Kanzlei) übertragen und unterm
15. Mai 1907 eine besondere Betriebsordnung erlassen. Die städtische
Plakatanstalt hat danach die Aufgabe, dem Publikum eine zu-
verlässige und zugleich billige Gelegenheit zu bieten, Anzeigen in
Plakatform durch Anschlag an die städtischen Plakattafeln und Säulen
zur allgemeinen Kenntnis zu bringen. Jeder Auftraggeber hat in einem
besonderen Formularbogen schriftlich zu erklären, ob er sein Plakat nur

---

[1] Vgl. meinen Aufsatz über „Gemeinde-Plakatinstitute" a. a. O. S. 369 ff.

für einen Tag oder für mehrere Tage, oder für eine noch längere Dauer angeschlagen haben will. Seit dem 1. Januar 1907 gilt für das Anbringen der Plakate folgender Gebührentarif:

Größe 1/1 Bogen 63/86 cm — für 1 Tag . . .	Mk.	6,—	
	jeder weitere Tag .	„	3,— mehr
	1 Woche	„	12,—
	jeder weitere Woche .	„	7,— mehr
	4 Wochen	„	30,—
Größe 1/2 Bogen 63/43 cm — für 1 Tag . . .	„	4,—
	jeder weitere Tag .	„	2,— mehr
	1 Woche	„	9,—
	jeder weitere Woche .	„	5,— mehr
	4 Wochen	„	24,—
Größe 1/4 Bogen 32/43 cm — für 1 Tag . . .	„	3,50
	jeder weitere Tag .	„	1,50 mehr
	1 Woche	„	7,—
	jeder weitere Woche .	„	4,— mehr
	4 Wochen	„	15,—
Größe 1/8 Bogen 32/21 cm — für 1 Tag . . .	„	3,—
	jeder weitere Tag .	„	1,— mehr
	1 Woche	„	5,—
	jeder weitere Woche .	„	3,— mehr
	4 Wochen	„	10,—

Das Anschlagen geschieht regelmäßig morgens vor 9 Uhr. Die hierfür bestimmten Plakate müssen, wenn auf deren Anschlag sicher gerechnet werden will, am Vorabend spätestens eine halbe Stunde vor Bureauschluß (6 Uhr) bei dem städtischen Hochbauamt abgeliefert werden; ausnahmsweise kann jedoch das Anheften auch im Laufe des Tages vorgenommen werden. Zeitungen finden keine Annahme. Plakate, deren Inhalt in politischer, religiöser oder sittlicher Hinsicht anstößig erscheint, sind von der Anbringung ausgeschlossen; politische Plakate ohne Unterschrift werden nicht angenommen.

Die Plakate der städtischen und Staatsbehörden erscheinen sämtlich auf weißem Papier. Zur Unterscheidung von diesen sind die Anschläge der Privaten, Vereine usw. entweder auf farbiges Papier zu drucken oder in farbigem Druck auszuführen; Ausnahmen hiervon sind nur für Auswärtige zulässig. Bei starkem Andrange gehen die städtischen und sonstigen behördlichen sowie die Wahlplakate den übrigen vor; in zweiter Linie folgen sodann die Privatplakate von nur eintägiger Anschlagsdauer, und zwar in der Reihenfolge ihrer Anmeldung. Bei Bedenken über die Zulässigkeit eines Plakats steht dem Annahmebeamten des Hochbauamts kurzerhand die Entscheidung zu; eine etwaige Berufung geht an das Bürgermeisteramt. Bei Wahlplakaten ist unter Umständen die Entscheidung des Oberbürgermeisters einzuholen.

Der Einzug der Gebühren erfolgt durch die Stadtkasse. Die Rechnungsergebnisse des Plakatwesens gestalteten sich seit dessen Übernahme in städtische Verwaltung folgendermaßen:

Jahr	Einnahmen Mk.	Ausgaben Mk.	Reingewinn Mk.
1894	1741	6839	—
1897	2615	915	1700
1900	3335	1727	1608
1903	3456	1465	1991
1906	4621	1897	2724
1908	7713	2273	5440

Die Ausgaben erwachsen aus der Unterhaltung der Tafeln (200 Mk.), der Vergütung der Plakatanschläger (ca. 1800 Mk.) und der Anschaffung des nötigen Klebmaterials (ca. 300 Mk.).

Da das zur Errichtung der Anstalt erforderliche Kapital schon seit 10 Jahren amortisiert ist, kann der zwar bisher bescheidene aber in der Folge noch steigende Reingewinn dieses Unternehmens für allgemeine Gemeindezwecke verwendet werden. Auch diese verhältnismäßig unbedeutende Einrichtung hat also den Regiebetrieb glänzend gerechtfertigt.

11. Die städtische Forstwirtschaft[1].

Freiburg erfreut sich dank seiner günstigen Lage an den Vorbergen des Schwarzwaldes seit Jahrhunderten eines ausgedehnten Waldbesitzes, der im Großherzogtum Baden nur von den Städten Baden und Villingen übertroffen wird, während ihm Heidelberg nur um etwas über 500 ha nachsteht. Die Waldungen der Stadt Freiburg bestehen aus Hoch- und Mittelwaldungen und umfassen gegenwärtig ein Gesamtareal von 3589 ha, wovon 3123 ha auf der Freiburger Gemarkung liegen und von dieser 55,8% umfassen. Die Hochwaldungen sind mit 2795 ha vertreten und verteilen sich auf folgende Distrikte: I. Bohrer mit dem

---

[1] Vgl. den Abschn. III.: Die Stadtwaldungen von G. Hüetlin a.a.O. S. 187 ff.

Kybfelfenwald. Diefer Bezirk beginnt bei Günterstal und zieht fich hinauf bis zum Kybfelfen (822 m) und Schauinsland (1286 m) und umfchließt die ganze weftliche Gebirgswand des Bohrertals mit verfchiedenen von Oft nach Weft verlaufenden tiefeingefchnittenen Dobeln. II. Valentins= wald zwifchen Littenweiler und Günterstal mit dem Waldfee, der Franzofenfchanze und dem Brombergkopf. III. Jlberberg=Kreuz= kopf zwifchen Langackern und dem Rebhaus mit dem lieblichen Günters= tal zu feinen Füßen. Auf der Höhe diefes Waldes erhebt fich das 1907/08 neuerbaute Waldkurhaus Luifenhöhe mit feinen herrlichen Aus= blicken in das Bohrertal, nach dem Rheintal, Kaiferstuhl und Vogefen. IV. Ottilienwald, welcher fich vom „Jägerhäusle" bis zum Roß= kopf mit feiner großartigen Fernficht (eiferner Turm 739 m über Meereshöhe) und gegen Ebnet ausdehnt und die reizend am Waldesrand gelegene Stiftungsanstalt Karthaus umfchließt. An diefen Diftrikt lehnt fich gegen Südweften und Weften der mit Reben und Anlagen bekränzte Schloßberg, eines der hauptfächlichsten Wahrzeichen Freiburgs, an. Unter dem Roßkopfgipfel liegt reizend in einer trauten Ecke, ganz vom Wald umfäumt, St. Ottilien mit feiner Wallfahrtskapelle und in un= mittelbarer Nähe davon etwas höher das St. Wendelinskirchlein, über= fchattet von einer mächtigen 300 jährigen Buche. V. Birkenreute= wald. Diefer ist Bestandteil eines der Stadt Freiburg gehörigen, ge= trennt vom übrigen Stadtwald gelegenen großen Hofguts, des Birken= reutehofes, in der Nähe des Dorfes Kirchgarten.

Außer diefen Hochwaldungen befitzt Freiburg noch einen ausgedehnten Mittelwald, den im Weften und Nordweften der Stadt zwifchen Lehne und Vörstetten fich hinziehenden 831 ha großen Mooswald, und den 179 ha großen, zwifchen Haslach und Opfingen gelegenen Riefelfeldwald, der jedoch früher oder fpäter zur Vergrößerung der Riefelfelder Verwendung finden dürfte.

Was die Holzarten anbetrifft, welche in den ftädtifchen Waldungen hauptfächlich gezüchtet werden, fo find die gemifchten Beftände vorherrfchend, da hierdurch nicht nur die Sicherheit des Waldes erheblich erhöht wird, fondern auch die natürlichen Produktions= faktoren des Bodens beffer ausgenützt, eine mannigfachere Bedarfs= befriedigung ermöglicht, die natürliche Verjüngung des Waldes erleichtert und der Reiz des Landfchaftsbildes nicht unwefentlich erhöht wird. Die Hochwaldungen find gegenwärtig etwa zu 50,3 % der Fläche mit Laubholz (37,2 Buchen, 11,3 Eichen, 1,8 % Hainbuchen, Efche, Ahorn und Linde) und 49,7 % mit Nadelholz (34,3 Tannen,

11,7 Fichten, 2,7 Forlen, 1 % Lärchen und ausländische Nadelhölzer)
bestockt. Da die Nadelholzzucht rentabler ist als die Laubholzzucht, soll
das Nadelholz dem Laubholz gegenüber in Zukunft in der Weise be-
günstigt werden, daß es etwa 70 % der gesamten Waldfläche einnimmt.
Die Buche soll ihm überall bis 20 % beigemischt werden ihrer vor-
züglichen waldbaulichen und ästhetischen Eigenschaften wegen. Die Eiche
soll auf geeigneten Standorten, namentlich im Herderwald, rein gezüchtet werden.

Die Hauptholzarten in den Mittelwaldungen, im Moos-
und Rieselfeldwald, sind im Oberholzbestand die Eichen, Eschen und Erlen,
im Unterholzbestand die Erlen, Weichhölzer, seltener Eschen und Hainbuchen. Der Ahorn und die Birke sowie auch die Roteiche werden erst
seit neuerer Zeit bei den Schlagausbesserungen verwendet und daher auch
erst später mehr in den Vordergrund treten.

Von größter Bedeutung in finanzieller Hinsicht ist die Um-
triebszeit. In den Hochwaldungen ist der 120jährige Umtrieb einge-
geführt und soll auch, weil allen Anforderungen entsprechend, in Zukunft
beibehalten werden, wobei das Überhalten von Eichen im zweiten Umtrieb nicht ausgeschlossen ist. Während bei der ersten Forsteinrichtung
im Jahre 1842 ein 100jähriger Umtrieb angenommen wurde, den man
nach 20 Jahren auf 120 Jahre erhöhte, beträgt der gegenwärtige tat-
sächliche Umtrieb 133 Jahre. In den Mittelwaldungen besteht
für den Mooswald der 24jährige und für den Rieselfeldwald der
20jährige Umtrieb, wobei von dem Oberholz aber die Eichen bis zu
180, die Eschen und Erlen bis zu 80 Jahren übergehalten werden.

Daß aber die städtische Forstverwaltung (Forstamt) nicht nur auf
die Erzielung einer möglichst hohen Rente bedacht ist, zeigen die zahlreichen schönen Altholzbestände, welche in größeren Gruppen und an
Wegen allenthalben bis zur physischen Haubarkeit übergehalten werden,
wie z. B. am Kybfelsen, im Sternwald, in der Bodlesau, am Stationen-
weg nach St. Ottilien usw. Die Natur hat es glücklicherweise ermöglicht,
daß den hygienischen und ästhetischen Interessen auch ohne allzu große
finanzielle Opfer durch Bestandspflege, örtlichen Wechsel der Holzarten, Mischung usw. genügt und so das Nützliche mit dem Angenehmen
verbunden werden kann. Die Bewirtschaftung der Waldungen nach
Schönheitsrücksichten ist, wie das städtische Forstamt in einem Bericht
an den Stadtrat mit Recht hervorhebt, ein in den sozialen und wirtschaftlichen Verhältnissen der heutigen Zeit begründetes Bedürfnis. Je
nervöser und materieller sich das Leben des Städters im Kampf ums

Dasein gestaltet, um so höher ist die ethische Bedeutung eines zweckmäßig
bewirtschafteten Waldes, insbesondere für die minder bemittelten Bevölkerungskreise anzuschlagen, die in mehr oder weniger engen und oft
noch äußerst mangelhaft eingerichteten Wohnungen leben müssen und
keine Scholle Boden ihr eigen nennen können.

Daß die Stadt Freiburg aber aus ihren herrlichen Waldungen auch
einen recht beträchtlichen Nutzen zieht, zeigt die nachstehende kurze Übersicht:

Der Reinertrag belief sich

im Jahrzehnt 1842/51 auf jährlich 55 503 Mk.
"   "   1852/61   "   "   61 664   "
"   "   1862/71   "   "   64 613   "
"   "   1872/81   "   "   97 647   "
"   "   1882/91   "   "   90 132   "
"   "   1891/1902 "   "   117 968   "
"   Jahre   1902   "   234 884 Mk.
"   "   1907   "   170 231   "
"   "   1908   "   208 480   "

Den Gesamteinnahmen von 320 298 Mk. aus verkauftem Holz, See-,
Streu-, Futtergras, Moos, Tannreis und Forststrafgefällen standen im
Jahre 1907: 150 066 Mk. an Ausgaben gegenüber, welche sich auf die
einzelnen Positionen, wie folgt, verteilen: Gehälter 24 432, Reisekosten
und Tagesgelder 1765 Mk., Waldvermessung, Taxationen usw. 1014 Mk.
Kulturen 17 690 Mk., Waldwege 14 285 Mk., Unterhaltung der Wald-
hüterhäuser 2644 Mk., Holzhauerlöhne 73 215 Mk., Wert des Bürgernutzens[1] (Gabholz) 12 005 Mk. und sonstige Kosten 3016 Mk. Der
Reinertrag ist von 20,2 Mk. pro Hektar und 3,96 Mk. pro Festmeter
im Jahre 1842 auf 72,7 bzw. 6,54 Mk. im Jahre 1902 und 51,10
bzw. 7,50 Mk. im Jahre 1907 gestiegen.

Während beim privaten Waldbesitzer in der Regel die Erreichung
des größten finanziellen Nutzeffektes der leitende Gesichtspunkt für seine
Forstwirtschaft bildet, läßt sich die Freiburger Stadtverwaltung daneben
schon seit einer langen Reihe von Jahren (1874) die Erschließung der
Naturschönheiten ihres ausgedehnten Waldbesitzes durch Erbauung
zahlreicher, den verschiedensten Zwecken, Wünschen und Gewohnheiten der
Bevölkerung in möglichst vollkommener Weise Rechnung tragenden
Waldfußwege und Waldfahrstraßen in hohem Grade angelegen sein, wobei für die Vergnügungs- und Erholungsfahrten, sowohl

---

[1] Die Zahl der gabholzberechtigten Bürger ist in rascher Abnahme begriffen,
weshalb auch der reine Wert des Bürgernutzens, der z. B. im Jahre 1887 noch
60 425 Mk. betrug, immer mehr zurückgeht.

in der Ebene wie auf den Bergen das System der Rundfahrstraßen besonders gepflegt wird, indem man von der zutreffenden Ansicht ausgeht, daß gerade mittelst dieser Straßen nicht allein die wirtschaftlichen, sondern auch die sozialen, ideellen und ästhetischen Interessen der Stadt durch ihren Wald am besten gefördert werden. So wurden in den Jahren 1874—1904 die Straßen vom Rebhaus nach Langackern (1874/76), von der Villa Mitscherlich in der Günterstalstraße nach dem Waldsee (1882), von Herdern über St. Ottilien nach Ebnet und der idyllisch gelegenen Karthaus (1878/86), ferner die Chausseen um den in den Jahren 1879/1880 angelegten Waldsee (1883), der Fahr- und Reitweg im Möslepark (1886), sowie die Schauinsland- (1894/96), Schloßbergfahr- und Wintererstraße (1904/05) angelegt. Dazu kommen in den Jahren 1905/07 noch drei weitere hervorragende Waldfahrstraßen: nämlich die Straße vom Hirzberg nach dem Jägerhäusle, vom Wasserschlößle über St. Valentin nach der Kyburg und von der Kyburg nach der Bodlesau und dem Lorettoberg, welche im Juli 1907 dem öffentlichen Verkehr übergeben wurden.

Die Stadtgemeinde Freiburg erfreut sich heute dank der Bewilligung der erforderlichen Mittel in Höhe von rund 700 000 Mk. durch den Bürgerausschuß eines Waldverkehrsnetzes von 48 Kilometer Waldfahrstraßen und 165 Kilometer Waldfußwegen; sie steht in dieser Beziehung einzig da in ganz Deutschland.

Der Stadtwald ist so im Laufe der Zeit zu einem großen Stadtpark geworden, der in allen seinen Teilen durch gut unterhaltene, nicht zu steile Fuß- und Fahrwege aufgeschlossen ist, welche überallhin bis zu den höchsten Punkten (Schauinsland, Roßkopf, Kybfelsen) mit herrlichen Ausblicken in weite Fernen führen. Die Freiburger Stadtverwaltung hat in ihrer Forstwirtschaft das Notwendige mit dem Nützlichen in der denkbar glücklichsten Weise miteinander verbunden und ohne nennenswerte Opfer die soziale Frage ein gutes Stück ihrer Lösung näher gebracht. Erfolgreicher und schöner lassen sich wohl die waldbaulichen und finanziellen mit den sanitären, sozialen und allgemeinen Wohlfahrtsinteressen nicht vereinigen als es in der „Waldstadt" Freiburg geschehen ist.

Das Personal des städtischen Forstamts besteht außer dem Oberförster aus einem Sekretär und einem Verwaltungsgehilfen, einem Waldstraßenmeister und 11 Forstwarten. An Arbeitern werden durchschnittlich beschäftigt: 9 Stadtarbeiter, 80 Holzhauer (im Akkord), 80 unständige Waldarbeiter und Waldarbeiterinnen sowie 2 Wiesenaufseher.

4*

12. Das Stadttheater und -Orcheſter.

Das Stadttheater war früher (wie es heute noch in den meiſten Städten der Fall iſt) an eine Geſellſchaft verpachtet. Seit dem Jahre 1868 befindet es ſich in ſtädtiſcher Verwaltung. Außer Freiburg genießen in Deutſch= land die Segnungen dieſer Einrichtung nur noch drei Städte: Mann= heim, Mülhauſen und Straßburg i. Elſ. Das Freiburger Stadttheater ſteht dank der ſtädtiſchen Unterſtützung mit den erforderlichen Geldmitteln auf einer beachtenswerten Höhe; es dürfte kaum eine zweite Stadt in Deutſchen Reich geben, die im Vergleich zu ihrer Bevölkerungszahl über ein gleiches oder gar beſſeres Kunſtinſtitut verfügt.

Der Spielplan umfaßt in zur Zeit 8 Monate dauernder Spielzeit (vom 16. September bis 15. Mai) alle Gattungen der dramatiſchen Kunſt (Oper, Operette, Tragödie, Schauſpiel, Luſtſpiel, Poſſe) mit Aus= nahme des Balletts. Im Perſonal ſind genügend Kräfte für die Oper und ebenſo für das Schauſpiel vorhanden. Der Opernchor beſteht aus 20 Damen und 26 Herren.

Der Voranſchlag für die Spielzeit 1908/1909 bilanzierte mit 333 500 Mk. An Gagen für das darſtellende Perſonal waren vor= geſehen:

a) für das Schauſpiel=Perſonal	61 680 Mk.
b) „ „ Opern= „	87 880 „
c) „ „ Chor= „	41 880 „
	Summa	191 440 Mk.

Die Einnahmen waren, wie folgt, veranſchlagt:

a) Abonnementsgelder für 6 Abonnements (A, B und C à 10 Vorſtellungen) à 12 100 Mk.	72 600 Mk.
b) Tageseinnahmen für 180 Vorſtellungen im Abonnement à 350 Mk.	63 000 „
c) Für 44 Vorſtellungen außer Abonnement à 700 Mk.	30 800 „
d) Für 6 Volksvorſtellungen à 280 Mk. . . .	1680 „
	Summa 168 080 Mk.

Zum Ausgleich des unausbleiblichen Defizits wurde für die ver= gangene Spielzeit ein Zuſchuß von 163 600 Mk. aus der Stadt= kaſſe gewährt. Die ſtets ſich ſteigernden Anſprüche des Publikums wie auch das Beſtreben, das Stadttheater auf eine immer höher ſteigende Stufe zu bringen, machen eine langſame Erhöhung der ſtädtiſchen Subvention an dieſes für alle Kreiſe der Bevölkerung höchſt bedeutſame Kunſtinſtitut zur unbedingten Notwendigkeit. Der Zuſchuß betrug:

1886/87	23 000 Mk.	1901/02	115 200 Mk.
1891/92	49 500 „	1906/07	157 000 „
1896/97	66 400 „	1909/10	164 700 „

Man wird nicht leicht eine Stadt finden, die ihrem Theater im Verhältnis zu ihrer Einwohnerzahl auch nur eine annähernd so große Unterstützung zuteil werden läßt, wie dies in Freiburg der Fall ist. Dabei sind hier die Eintrittspreise bei anerkannt hervorragenden Leistungen auf allen Gebieten außerordentlich niedrige, so daß es auch den minderbemittelten Bevölkerungskreisen möglich ist, nicht nur durch den Besuch der Volksvorstellungen (zum Einheitspreis von 40 Pf.) und der Sonntag-Nachmittagsvorstellungen (zu kleinen Preisen), sondern auch sonst das eine oder andere Mal sich einen hohen Kunstgenuß um billiges Geld zu verschaffen.

Preise der Plätze.

	Hohe Preise	Erhöhte Preise	Gewöhnliche Preise	Kleine Preise
	Mk.	Mk.	Mk.	Mk.
I. Rang Balkon:				
In den drei ersten Reihen	5,50	4,50	3,50	2,—
In den übrigen Reihen	4,50	3,80	3,—	1,75
I. Rang Seitenlogen:				
In den vorderen Reihen	4,50	3,80	3,—	1,75
In den hinteren Reihen	4,—	3,—	2,50	1,50
Sperrsitz	4,—	3,—	2,50	1,50
Parterrelogen	3,50	2,80	2,50	1,20
II. Rang Fremdenloge:				
In den ersten zwei Reihen	3,—	2,50	2,—	1,—
In den übrigen Reihen	2,40	2,—	1,60	0,80
II. Ranglogen	2,—	1,70	1,40	0,70
II. Rang Seite	1,60	1,40	1,20	0,60
Parterre	1,80	1,50	1,20	0,75
Akademiker	1,50	1,—	0,70	—
Rondell.	0,90	0,80	0,60	0,40
Galerie	0,70	0,50	0,50	0,30
Unteroffizier	—	—	0,30	—
Soldaten	—	—	0,20	—

In der Spielzeit vom 16. September 1908 bis 15. Mai 1909 einschließlich fanden an 213 Spieltagen statt:

180 Vorstellungen im Abonnement,
　4　　　 „　　　mit aufgehobenem Abonnement und hohen Preisen,
　4 Vorstellungen　　 „　　　　 „　　　　 „　　 und erhöhten Preisen,
　13 Vorstellungen　　 „　　　　 „　　　　 „　　 und gewöhnlichen Preisen,

22 Vorstellungen mit aufgehobenem Abonnement und
kleinen Preisen,

6 Kindervorstellungen mit halben Preisen,

8 Volksvorstellungen zum Einheitspreis von
40 Pf. für alle Plätze,

insgesamt 237 Vorstellungen.

Diese verteilen sich auf 121 Schauspiel-, 114 Opern, 2 gemischte
Vorstellungen (Oper mit vorausgehendem Schauspieleinakter).

Die veranstalteten Vorstellungen umfaßten:

21 Tragödien und Schauspiele, 22 Lustspiele, 5 Schwänke, Possen
bzw. Volksstücke und 2 Kindermärchen; zusammen 50 Schauspielwerke,
32 Opern und 4 Operetten, insgesamt 36 Werke.

Die Oberleitung und Aufsicht über das Kunstinstitut steht einer besonders gebildeten Theaterkommission zu, deren Mitglieder vom Stadtrat
ernannt werden. Das etatmäßige Verwaltungspersonal setzt sich
zusammen aus einem Direktor, einem Kassier, einem Sekretär, einem
Sekretariatsassistenten und einem Diener. Ferner sind angestellt bzw.
beschäftigt: 2 Theatermeister, 1 Obergarderobier und 3 Gehilfen, 1 Kostüm-
schneiderin und 2 sonstige Schneiderinnen, 1 Garderobiere und 3 Ge-
hilfinnen, je 1 Friseur und Friseuse, 8 fest besoldete, ständige Arbeiter,
10 Billetabnehmer, 1 Requisiteur nebst Gehilfe, 1 Möbelarbeiter, 1 Be-
leuchter, 1 Heizer und 3 Kehrfrauen. Der Gesamtaufwand für dieses
Personal beläuft sich auf rund 58 000 Mk., während für das Künstler-
und Chorpersonal für die Spielzeit 1909/10 198 000 Mk. eingestellt sind.

Die Stadt baut gegenwärtig mit einem Gesamtkostenaufwand von
3 250 000 Mk., wozu noch 552 000 Mk. für die Platzgewinnung kommen,
einen neuen Musentempel mit vorerst 1125 Sitzplätzen, deren Zahl
jedoch späterhin auf 1200 gesteigert werden kann. Der schöne und prak-
tische, der Kunst- und Baugeschichte der Stadt entsprechende Bau, der
sich mit seiner gewaltigen Kuppel bereits recht wirksam im ganzen
Städtebild bemerkbar macht, wird voraussichtlich im Herbst 1910 dem
Betrieb übergeben werden können und der Opferbereitschaft, sowie dem
Kunstsinn der Freiburger Bürgerschaft für alle Zeiten ein glänzendes
Zeugnis ausstellen.

Dem Theater steht für seine Musikaufführungen das städtische
Orchester zur Verfügung, welches zurzeit aus 44 Mitgliedern besteht
und bei Eröffnung des neuen Theaters auf 52—54 Musiker verstärkt
werden soll. Für die großen Opern im Stadttheater und die städtischen

Symphoniekonzerte, deren jährlich 6—7 in der Festhalle veranstaltet werden, werden jeweils nach Bedarf noch 40—60 fremde Hilfskräfte herangezogen.

Der Voranschlag der Orchesterkasse bilanziert im Jahre 1909 mit 115 300 Mk., wovon 96 000 Mk. allein auf die Gehälter einschließlich der drei Kapellmeister entfallen. Die Mitglieder des Stadtorchesters sind als städtische Beamte angestellt; ihre Gehaltsverhältnisse sind in einem besonderen Tarif (B) geregelt, welcher in 6 Klassen zerfällt.

Die Theaterkasse zahlt für die Mitwirkung des Orchesters bei Theatervorstellungen 24 500 Mk. an die Orchesterkasse, die Beurbarungs-kasse als Anteil am Pachtzins für die Wirtschaft der Festhalle 1000 Mk., die Stadtgartenkasse für die Veranstaltung der Sommerkonzerte (von Mitte Mai bis Mitte September) 4700 Mk., während aus Symphonie- und Vereinskonzerten 10 000 bis 15 000 Mk. vereinnahmt werden. Die Stadtkasse leistet auch zu diesem Unternehmen einen sehr erheblichen, jährlich wachsenden Beitrag von zuletzt 74 300 Mk. (1909), gegen-über 57 800 Mk. im Jahre 1905, 40 206 im Jahre 1900, 29 600 Mk. im Jahre 1895 und 9840 Mk. im Jahre 1889.

13. Der städtische Wohnungsbau.

Die Stadt Freiburg ist schon frühzeitig mit der Erbauung von Kleinwohnungen nicht nur für die eigenen Arbeiter, sondern über-haupt allgemein für die minderbemittelten Klassen in verhältnismäßig großem Maßstab vorgegangen, um der Benachteiligung der arbeitenden Bevölkerung einigermaßen entgegenzutreten, welche sich wegen des Cha-rakters der Stadt als Fremdenstadt in besonders hohem Maße aus der Bevorzugung größerer Wohnungen und Einzelvillen durch die private Bautätigkeit ergab. In Freiburg hat man die Wohnungsfrage in ver-schiedener Weise praktisch zu lösen versucht und daher einige wertvolle Erfahrungen gesammelt.

In den Jahren 1862/63 wurden zunächst aus Mitteln der städtischen Beurbarung eine Reihe kleiner Wohnhäuser im östlichen Stadtgebiet an der Schwarzwaldstraße erbaut, um sie nach und nach an sogenannte kleine Leute (untere Beamte, Handwerker, Arbeiter, Witwen usw.) zum Selbstkostenpreis abzugeben. Der beabsichtigte Zweck, diesen Bevölkerungs-kreisen auf möglichst leichte Weise und billig ein eigenes Heim zu ver-schaffen, ging jedoch nicht in Erfüllung, da die betreffenden Häuser sich heute alle nicht mehr im Besitz von kleinen Leuten, sondern von Privaten und Fabrikanten befinden.

In den siebziger Jahren des vorigen Jahrhunderts hat sodann die
Stadtgemeinde die Erbauung von guten und billigen Wohnungen durch
die „gemeinnützige Baugesellschaft" in der Weise unterstützt, daß sie ihr
den Bauplatz zu dem mäßigen Preis von 3 Kreuzer pro Quadratfuß
überließ, das Gelände zu den Zwischenstraßen schenkte und die Zufahrts-
straßen auf eigene Kosten erstellte. Außerdem erhielt die Baugesellschaft
von der städtischen Sparkasse noch ein Darlehen von über 400 000 Mk.
zu einem ermäßigten Zinsfuß. Die Ergebnisse dieses Unternehmens sind
zufriedenstellend. Der Stadtverwaltung steht aber für ihre recht beträchtlichen finanziellen Opfer nicht der geringste Einfluß auf das fernere
Schicksal dieser Häuser zu. Die 10 Häuserblocks enthalten je 8 Häuser
mit zusammen 172 Wohnungen, die wegen ihrer Geräumigkeit und Billig-
keit — die Preise sind nur etwa halb so hoch wie die sonst in der
Stadt üblichen — stets begehrt und vermietet sind.

Im Jahre 1886 ist nun die Stadtverwaltung dazu übergegangen,
den Bau von Kleinwohnungen in eigene Regie zu übernehmen. Das nötige Baukapital lieferte ebenfalls die städtische Sparkasse zu dem ermäßigten Zinsfuß von 3³/₄ %. Auf diese Weise wurden
von der Stadt Freiburg im Stadtteil Stühlinger von 1886—1900 erbaut:

1. an der Beurbarungsstraße in den Jahren 1886/89 32 Häuser
   mit 120 Wohnungen und einem Aufwand von 380 000 Mk.;
2. an der Ferrandstraße in den Jahren 1895/97 16 Häuser mit
   48 Wohnungen und einem Kostenaufwand von 260 000 Mk., und
3. an der Zunftstraße in den Jahren 1899/1900 weitere 18 Häuser
   mit 54 Wohnungen und einem Aufwand von 344 000 Mk.

Im ganzen erstellte also die Stadtverwaltung mit einem Bauaufwand von 984 000 Mk. 66 Häuser mit 222 Kleinwohnungen, welche
im Eigentum der Stadt verbleiben und von der Beurbarungsverwaltung
zu erheblich niedrigeren Mietpreisen als den sonst üblichen vermietet werden.

Die Häuser sind zweistöckig und mit Mansarden versehen, teilweise
auch dreistöckig und in Gruppen zusammengebaut. Die Wohnungen
sind jede für sich abgeschlossen und bestehen aus 1—3 Zimmern und
Küche, Abort, Speicher, Kellerabteilung und Gartenanteil. Auf ca.
12 Wohnungen entfällt eine mit Wasserleitung eingerichtete Waschküche
mit getrenntem Badekabinett. Jede Küche verfügt über eine besondere
Wasserleitung. Die Aborte sind mit Klosetts und Wasserspülung versehen und an die städtische Kanalisation angeschlossen. Die Mietpreise
für eine Wohnung von 1—3 Zimmern bewegen sich zwischen 10 bis
33 Mk. pro Monat oder 120—396 Mk. pro Jahr. Die Kündigungs-

frist ist eine monatliche; dieselbe hat sich für die Vermieterin wie die kleinen Mieter aufs beste bewährt. Nach den Wohnungen herrscht stets rege Nachfrage, so daß verhältnismäßig wenige leer stehen.

Im Jahre 1908 waren im ganzen 19 Wohnungen während einer Gesamtdauer von 31 Monaten nicht vermietet, wodurch der Stadt ein Mietverlust von 900 Mk. 50 Pf. entstand; in den beiden Vorjahren bezifferte sich derselbe (1906) für 9 Wohnungen und 10¹/₂ Monate auf 207 Mk. und (1905) für 20 Wohnungen und 46¹/₂ Monate auf 1261 Mk. 50 Pf. Am ungünstigsten abgeschnitten hat bisher das Jahr 1904, wo ein Mietausfall von 1921 Mk. 50 Pf. zu verzeichnen war, wogegen das Jahr 1903 nur einen solchen von 686 Mk. 50 Pf. und das Jahr 1901 einen solchen von 851 Mk. aufzuweisen hatten.

Die Mieter sind fast durchweg nur solide Arbeiter, kleine Handwerker, untere Beamte und Witwen, an denen die Stadt bisher noch keine nennenswerten Mietzinsverluste erlitten hat. Die guten und billigen Wohnungen in diesen städtischen Häusern sind namentlich von kinderreichen Familien, die sonst oft nur unter den größten Schwierigkeiten eine geeignete Unterkunft finden können, als eine segensreiche Einrichtung begehrt und geschätzt. Die Wohnungen sind ebenso bequem und geräumig, wie trocken und gesund und bieten den Kindern infolge ihrer offenen Bauweise und freien Lage reichlich Gelegenheit zum Spielen und Tummeln in der frischen Luft.

Die Stadt Freiburg hat aber mit ihrem Regiesystem auf dem wichtigen Gebiete der Wohnungsfürsorge nicht nur nach der sozial-hygienischen Seite hin bedeutende Erfolge erzielt, das Unternehmen hat sich vielmehr auch in finanzieller Beziehung befriedigend gestaltet.

Nach dem Rechnungsabschluß für das Betriebsjahr 1908 waren an Zinsen (3³/₄ %) für das Baukapital (984 000 Mk.) 36 900 Mk., an Steuern 557 Mk. 81 Pf., Unterhaltung, Wasserzins, Hausmeistervergütung usw. 12 799 Mk., insgesamt also 50 256 Mk. 81 Pf. aufzubringen. Die Unkosten beliefen sich 1908 auf 5,11 % gegenüber 5,13 und 5,16 % in den beiden Vorjahren. Dem Bruttoertrag in Höhe von 57 477 Mk. 50 Pf. (5,84 %) stand ein Reinertrag von 7220 Mk. 69 Pf. (0,73 %) gegenüber (1907: 0,76; 1904: 0,81; 1901: 1,19 %). Die nötigsten Maurer-, Tüncher- und Hafnerarbeiten werden von einem besonders angestellten Maurer und die Installations- und Schlosserarbeiten vom Hausmeister besorgt, der dafür eine eigene Werkstätte besitzt und als städtischer Beamter angestellt ist.

Wenn man die Rentabilitätsverhältniſſe der einzelnen Häuſergruppen
nach der Bauperiode miteinander vergleicht, ſo ergibt ſich die intereſſante
Tatſache, daß die älteſten Häuſer (an der Beurbarungsſtraße) die relativ
größte Rente abwerfen, während die neueren Häuſer (an der Ferrand=
und Zunftſtraße) kleinere Reinerträge liefern. Die Reineinnahmen be=
trugen nämlich bei den Häuſern an der

	Beurbarungsſtraße (Bauzeit 1886/89):	Ferrandſtraße (Bauzeit 1895/97):	Zunftſtraße (Bauzeit 1899/1900):
	%	%	%
1908	1,20	0,67	0,25
1906	1,14	0,65	0,36
1904	1,32	0,75	0,24
1902	1,50	1,01	0,58
1900	1,73	1,01	0,04
1898	1,69	0,89	—
1896	1,45	—	—
1894	0,76	—	—
1892	0,45	—	—
1890	1,61	—	—

Der Rückgang der Rente bei den neueren Häuſern iſt nicht nur auf
die erheblich geſtiegenen Bauplatz=, Baumaterilienpreiſe und Arbeits=
löhne, ſondern auch auf die beſſere Einrichtung und geräumigere Bau=
weiſe zurückzuführen. Für die Vermietungsmöglichkeit iſt die jeweils
herrſchende Konjunktur von weſentlichem Einfluß. Bei flottem Ge=
ſchäftsgang und lebhafter Bautätigkeit herrſcht infolge des ſtarken Arbeiter=
zuzugs eine regere Nachfrage nach ſolchen Kleinwohnungen als in Zeiten
einer wirtſchaftlichen Depreſſion, wie ſie ſich ſchon ſeit zwei Jahren zum
größten Nachteil Freiburgs geltend macht.

Für 26 weitere Häuſer mit zuſammen 108 Kleinwohnungen hat
der Bürgerausſchuß vor einiger Zeit bereits die erforderlichen Mittel
(680 000 Mk.) bewilligt. Vorerſt ſollen jedoch im Hinblick auf die der=
zeitige Geſchäftslage nur 2 Gebäudegruppen mit 44 Wohnungen und
der Reſt je nach Bedarf ſpäter zur Ausführung kommen.

In den Jahren 1903/08 errichtete auch der „Freiburger Bau=
verein e. G. m. b. H." an der Emmendinger= und Gutenbergſtraße
mit finanzieller Unterſtützung des Reichsamts des Innern 24 Wohn=
häuſer mit 173 Kleinwohnungen. Die Stadtverwaltung ließ dieſem Unter=
nehmen ihre Beihilfe neben anderen Vergünſtigungen in der Weiſe zuteil
werden, daß ſie das Baugelände zu einem ermäßigten Kaufpreis abgab,
was für den Bauverein ein Geſchenk von rund 58 000 Mk. bedeutete.

Die Stadt Freiburg und ihre Stiftungen verfügen außer den 222 Wohnungen der Beurbarung noch über etwa 290 weitere Klein=wohnungen, die sich fast durchweg im Besitz von gewerblichen Arbeitern und kleinen Handwerkern, Eisenbahn= und Postunterbeamten sowie sonstigen Staats= und städtischen Bediensteten, Taglöhnern, Fabrikarbeitern und alleinstehenden Witwen usw. befinden und wegen ihrer billigen Miet=preise von den minderbemittelten Bevölkerungskreisen sehr gesucht sind. Dazu kommen noch 21 größere Mietwohnungen mit mehr als 5 Zimmern und 7 mit städtischen Wirtschaftslokalen verbundene Wohnungen, die zu den üblichen Mietpreisen an Privat= und Geschäftsleute vermietet sind.

Die Stadtverwaltung war aber auch von jeher bestrebt, ihre eigenen Beamten und Bediensteten gut und billig in Dienst= oder sonstigen städtischen Wohnungen unterzubringen; gegenwärtig be=finden sich etwa 200 städtische Beamte, Lehrer und Arbeiter im Besitze solcher Wohnungen.

Wenn man die der Stadt, städtischen Stiftungen und gemein=nützigen Bauvereinen gehörigen Wohnungen zusammenrechnet, so ergibt sich für Freiburg die erkleckliche Zahl von 1025, welche 6% des Gesamt=wohnungsbestandes bilden, während die städtischen oder städtisch sub=ventionierten Kleinwohnungen sogar 8,4% dieser Wohnungskategorie ausmachen. Jede 17. Haushaltung wohnt im Durchschnitt in Freiburg in einer solchen Wohnung.

Das gemischte System hat sich hier aufs beste bewährt, so daß die Stadtverwaltung entschlossen ist, auch in Zukunft auf dem erprobten Weg hinsichtlich einer wirksamen Förderung des Wohnungswesens fort=zuschreiten.

14. Erstellung von Militärbauten durch die Stadt.

Im Jahre 1899—1901 erstellte die Stadt Freiburg auf einem an der Hugstetterstraße (südwestlich des Heidenhofs gelegenen) ungefähr 13 ha großen Gelände ein Kasernement (6 Batteriekasernen) für einen Regiments=stab und zwei Abteilungen fahrende Artillerie zu je drei Batterien, ferner ein Stabsgebäude, zwei Familienwohngebäude, eine Offiziersspeiseanstalt, ein Proviantamt mit Bäckerei mit elektrischem Betrieb und zugehörigen Magazinen, sieben Ställe, eine Garnisonwaschanstalt mit Trockenkammer und freien Plätzen, sowie ein Artilleriedepot mit Wagenremisen und Magazinen und sonstigen Nebengebäuden. Die Stadt hatte nach dem mit der Königl. Intendantur des XIV. Armeekorps als Vertreterin des Reichs=(Militär=)Fiskus abgeschlossenen Vertrag die notwendigen Gelände=

erwerbungen vorzunehmen, alle Bauten auf ihre Rechnung und Gefahr
herzustellen und zu unterhalten, wogegen der Militärfiskus sich verpflichtete,
die ganze Anlage auf die Dauer von 25 Jahren in Pacht zu nehmen
und einen jährlichen Mietzins von 6 % der aufgewendeten Baukosten zu
zahlen. Die Grunderwerbskosten dagegen fielen der Stadt zur
Last. Den Versicherungsaufwand der Gebäude gegen Feuersgefahr hat
dieselbe ebenfalls zu tragen.

Das Anlagekapital für die Kasernen=, Depot= und Proviantamts=
bauten beträgt nach dem Rechnungsschluß des Jahres 1908: 4 316 076 Mk.
Die Bruttoeinnahme an Mietzinsen mit 243 874 Mk. ergibt eine
Verzinsung von 5,64 %, die Ablieferung an die Stadtkasse (zur Ver=
zinsung und Tilgung des Anlagekapitals) in Höhe von 223 500 Mk.
eine solche von 5,16 %.

Die Stadtverwaltung hat also mit der Heranziehung eines weiteren
Regiments und der Erstellung der erforderlichen Kasernen=, Wohn=, Wirt=
schafts= und sonstigen Nebengebäuden nicht nur finanziell kein ungünstiges
Geschäft gemacht, sondern auch durch die solide und geschmackvolle bau=
liche Ausführung der ganzen Anlage das landschaftliche Bild der
Stadt um einen wesentlichen Schmuck bereichert und ein großes, außer=
ordentlich wertvolles Areal überhaupt zum ersten Mal auch der privaten
Bautätigkeit erschlossen.

15. Das städtische Begräbniswesen.

Das Begräbniswesen befindet sich in Freiburg seit dem Jahre 1877
in städtischer Verwaltung. Die Friedhöfe sind ebenfalls Eigentum
der Stadt. Diese unterhält auch ein eigenes Sargmagazin, dessen
Nützlichkeit vom Publikum wegen seiner praktischen und bequemen Ein=
richtung allgemein anerkannt wird. Die Lieferung der Särge wird alle
3 Jahre im Wege der öffentlichen Verdingung an einen Lieferanten ver=
geben. Die Friedhofverwaltung besitzt ferner drei Leichenwagen; die
Pferdegestellung wird ebenfalls jeweils auf drei Jahre im Submissionswege
an einen Fuhrunternehmer vergeben.

Seit dem 1. Juli 1903 wird auch die Herstellung der Gräber in
eigener Regie ausgeführt; der Stadtrat hat sich aber im Hinblick
auf die wesentliche Verteuerung, welche diese Maßnahme zur Folge hatte,
vorbehalten, zu dem alten, billigeren Akkord=(Totengräber=)system wieder
zurückzukehren.

Die Begräbnisse können nach vier Klassen stattfinden, unter welchen
den Beteiligten die Wahl freisteht. Wenn niemand vorhanden ist, welcher

die Beerdigungsklasse bestimmt, so geschieht dies durch die Friedhof=
kommission. Die Särge, sowie deren innere und äußere Ausstattung
nebst Grabkreuzen werden vom städtischen Sargmagazin geliefert. Die
Abgabe erfolgt jeweils auf Anweisung des Begräbniskommissärs, der auch
die Bestellungen entgegennimmt.

Die Leichen sämtlicher in Freiburg verstorbenen Personen müssen
alsbald nach Vornahme der ersten Leichenschau in die Friedhofhalle ver=
bracht werden, wo sie bis zur Beerdigung verbleiben. Diese seit 40 Jahren
bestehende Einrichtung hat sich bei der Bevölkerung vollkommen eingelebt
und wie der ganze Regiebetrieb des Beerdigungswesens aufs beste bewährt.

Für die Besorgung der Begräbnisse sind folgende Taxen an die
Friedhofkasse zu entrichten:

1. für Personen über 14 Jahren:

I. Klasse:	II. Klasse:	III. Klasse:	IV. Klasse:
130 Mk.	75 Mk.	35 Mk.	20 Mk.

2. für Personen von 6—14 Jahren:

100 Mk.	65 Mk.	30 Mk.	15 Mk.

3. für Personen von 1—6 Jahren:

90 Mk.	60 Mk.	25 Mk.	12 Mk.

4. für Personen bis zu 1 Jahr:

30 Mk.	20 Mk.	10 Mk.	6 Mk.

Gegen Bezahlung dieser Taxen werden von der Friedhofverwaltung
folgende Leistungen übernommen:

1. Die Geschäfte des Begräbniskommissärs und des übrigen Begräbnis=
   personals nach Maßgabe ihrer Dienstweisungen;
2. die Lieferung eines Sarges der gewählten Klasse samt Verbringen
   desselben in das Sterbehaus und die Einlegung der Leiche in
   den Sarg;
3. die Überführung der Leiche in die Friedhofhalle im klassenmäßigen
   Leichenwagen;
4. die Aufbahrung und Bewachung der Leiche in der Leichenhalle;
5. die Beerdigung der Leiche;
6. das Tragen des Kreuzes von der Friedhofhalle bis zum Grabe.

Wird ein Sarg der nächst höheren Klasse gewünscht, so erhöht sich
die Taxe der ausgewählten Klasse, und zwar um 10 Mk. (Ziffer 1),
7 Mk. (Ziffer 2), 5 Mk. (Ziffer 3) und 2 Mk. (Ziffer 4).

Auf Verlangen der Beteiligten übernimmt die Friedhofverwaltung
gegen besondere Vergütung auch noch andere Leistungen wie:

1. die Lieferung von Grabkreuzen, welche für die vier Beerdigungs=
   klaffen im ftädtifchen Sargmagazin zur Auswahl ausgestellt find;
2. die Lieferung von befonderen Särgen, wie eichenen Särgen, Metall=
   färgen, Transportfärgen;
3. die Stellung von Trauerwagen;
4. die Lieferung von Sargverzierungen, =handgriffen, =fchrauben;
5. die Lieferung von Sargkiffen und =tüchern;
6. das Ausfchlagen des Sarges;
7. die Herftellung, Bepflanzung und gärtnerifche Inftandhaltung des
   Grabhügels nach Maßgabe der hierfür aufgeftellten Grundfätze.

Die für die vorftehenden Leiftungen zu zahlenden befonderen Ver=
gütungen werden von der Friedhoffommiffion feftgefetzt und durch befondere
Verzeichniffe bekannt gegeben.

Wird eine Leiche mit der Eifenbahn von hier nach auswärts oder
von auswärts hierher zur Beerdigung gebracht, fo kommen die Leiftungen
und Taxen der I. oder II. Klaffe (abzüglich 15 %) zur Anwendung. Die
Wahl zwifchen der I. und II. Klaffe fteht den Hinterbliebenen zu.

Andere als die oben vorgefehenen Leiftungen müffen befonders ver=
gütet werden.

Auf fämtliche von der Stadt gelieferte Utenfilien wird
bei Leichen, welche in Freiburg begraben werden, ein Zufchlag von
30 % und bei denjenigen, welche nach auswärts kommen, ein folcher
von 50 % erhoben.

Die Friedhoffommiffion ift auch ermächtigt, auf Wunfch von Privaten
gegen entfprechende an die Friedhoffaffe zu zahlende Vergütung die
dauernde gärtnerifche Inftandhaltung einzelner von Privaten
erworbenen Gräber und größeren Begräbnisplätze zu übernehmen und unter
ihrer Aufficht ausführen zu laffen. Die Höhe der einmaligen dafür bar
zu entrichtenden bzw. letztwillig zu vermachenden Summe richtet fich nach
dem Grade der einfacheren oder reicheren gärtnerifchen Ausfchmückung,
fowie nach der Zahl der Gräber (drei verfchiedene Klaffen). Es wurden
dafür folgende Minimaltaxen feftgefetzt:

	I. Klaffe:	II. Klaffe:	III. Klaffe:
für 1 Grab	1200 Mk.	800 Mk.	400 Mk.
für jedes weitere Grab .	900 Mk.	600 Mk.	300 Mk.

Für die gärtnerifche Unterhaltung einer Gruft find 2200 Mk. zu
entrichten.

Über die Unterhaltung von Grabdenkmälern, die in obigen Taxen
nicht enthalten ift und die nur ausnahmsweife übernommen werden kann,

ist in jedem einzelnen Falle eine besondere Vereinbarung mit der Friedhof=
kommission erforderlich. Die Unterhaltungspflicht bezüglich der über=
nommenen Gräber dauert so lange fort, als die Gräber als solche
(d. h. bis zu ihrer Umgrabung) bestehen bleiben, bzw. als der betreffende
Friedhof oder Friedhofteil zum allgemeinen Begräbnisplatze bestimmt ist,
jedenfalls aber auf die Dauer von 60 Jahren. Hört die Zweckbestimmung
auf, so erlischt die Unterhaltungspflicht und die Erträgnisse der Einkaufs=
summen werden für Armenzwecke verwendet.

In den Vororten Günterstal, Haslach und Zähringen, die noch
ihre eigenen Friedhöfe haben, wird das Begräbniswesen nach der dortselbst
bisher bestandenen Übung gehandhabt.

Der Hauptfriedhof im Nordwesten der Stadt, welcher am 1. No=
vember 1872 eröffnet wurde und in der Zwischenzeit mehrfache Er=
weiterungen erfahren hat, umfaßt ein Areal von 271 000 qm. Auf der
nach Abzug der Wege und Anlagen übrig bleibenden Fläche von rund
240 000 qm können etwa für 50 000 Leichen Begräbnisplätze geschaffen
werden, so daß der Friedhof in seiner jetzigen Ausdehnung für absehbare
Zeit (mindestens 35—40 Jahre) den Bedürfnissen der Stadt Freiburg
genügen dürfte. Die gesamte neue Friedhofanlage, welche in den Jahren
1894—98 zur Ausführung kam, erforderte einen Aufwand von rund 1 Million
Mark, wovon 410 000 Mk. auf die Hochbauten (Einsegnungskapelle mit
Leichenhallen, Dienst= und Wohngebäude des Friedhofpersonals usw.)
entfallen.

Was nun die finanziellen Ergebnisse des städtischen Begräbnis=
wesens anbetrifft, so erzielt die Gemeinde aus demselben jetzt nach Abzug
der Kosten für die Verzinsung und Tilgung des Anlagekapitals einen
mäßigen Reingewinn von 10—15 000 Mk. Die Ablieferungen an
die Stadtkasse (Überschüsse) haben betragen:

im Jahre 1888	15 936 Mk.	im Jahre 1903	47 439 Mk.
„ „ 1893	28 540 „	„ „ 1906	55 502 „
„ „ 1898	41 894 „	„ „ 1908	59 919 „

Die Verwaltung des gesamten Begräbniswesens ist vom Stadtrat
einer nach § 19a der Städteordnung gebildeten Kommission übertragen
worden, welche die Bezeichnung Friedhofkommission führt. Dieselbe be=
steht aus 7 Mitgliedern, von denen der Vorsitzende und dessen Stell=
vertreter dem Stadtrat angehören müssen. Das etatmäßig angestellte
Begräbnispersonal setzt sich zusammen aus 1 Begräbniskommissär,
1 Begräbnisordner, 1 Friedhofoberaufseher, 1 Friedhofhallenaufseher,
8 Leichenträgern und 1 Obmann. Die 4 Grabarbeiter und der Sarg=

magazinbareiter find als Stadtarbeiter nach Maßgabe des städtischen
Arbeiterstatuts angestellt; ferner ist noch eine Leichenfrau vorhanden.
Der Verwaltungsaufwand für das gesamte Personal beziffert sich gegen=
wärtig auf rund 36 000 Mk.

16. Die Stadtgärtnerei[1].

Die Stadt Freiburg, die von der Natur mit landschaftlichen Reizen
in verschwenderischer Fülle ausgestattet ist, besitzt sowohl im Stadtinnern
wie in der nächsten Umgebung eine große Zahl von Anlagen, die für
die gärtnerische Kunst ein hervorragendes Arbeitsfeld bilden. Alle öffent=
lichen Anlagen, mit Ausnahme derjenigen am oberen Schloßberg, unter=
stehen der S t a d t g ä r t n e r e i, deren technischer Leiter der Stadtgärtner
ist, dem noch ein weiterer Beamter als Gehilfe beigegeben ist. Es sind
außer dem Obergärtner und 1 Aufseher 12 Gehilfen und Vorarbeiter
sowie 30—40 Arbeiter in diesem städtischen Betriebe tätig.

Die öffentlichen Park= und Gartenanlagen umfassen gegenwärtig
(Mai 1909) ein Areal von rund 6030 a und erfordern einen Unter=
haltungsaufwand von 86 100 Mk., wovon etwa die Hälfte auf die Be=
soldung der Beamten und Angestellten (Arbeiter) entfällt gegenüber
55 000 Mk. im Jahre 1905, 42 000 Mk. im Jahre 1900, 37 000 Mk.
im Jahre 1895 und 31 000 Mk. im Jahre 1889.

Die 40 Anlagen innerhalb des Stadtgebiets umfassen eine Gesamt=
fläche von 2917 a, die außerhalb des städtischen Weichbilds gelegenen
Waldsee= und Mösleparkanlagen 1710 a und die Anlagen am oberen
Schloßberg, welche vom städtischen Forstamt unterhalten werden, 1423 a.

Im östlichen Teile des Stadtgebiets befindet sich zunächst der
6 Morgen große S t a d t g a r t e n, der nach Beendigung der ober=
rheinischen Gewerbeausstellung im Jahre 1887 angelegt wurde und im
Sommer, wo täglich Konzerte stattfinden, den Mittelpunkt des gesellschaft=
lichen Lebens bildet. Musikpavillon, Aquarium, Springbrunnen,
Wasserfälle, Vasen, Bildsäulen und schön angeordnete Teppichbeete mit
einem herrlichen Rosarium und schattigen Baumgruppen verleihen der
ganzen Anlage ein reizvolles Gesamtbild.

Wenn die Einnahmen aus Eintrittskarten für den Besuch des
Stadtgartens, der Konzerte und sonstigen Veranstaltungen die Unter=
haltungs= und Verwaltungskosten nicht decken, so hat die Stadtkasse für

---

[1] Vgl. den Abschnitt: „Städtische Gartenanlagen von M. S c h m ö g e r“ in
dem Werk: „Freiburg i. Br., die Stadt und ihre Bauten“ (1898) S. 174 ff.

den Fehlbetrag durch Leistung eines entsprechenden Zuschusses aufzu=
kommen. Dieser betrug z. B. im Jahre 1908: 3814 Mk., 1907:
1946 Mk. und 1904: 1036 Mk., während in den Jahren 1905 und
1906 kleine Überschüsse an die Stadtkasse in Höhe von 1694 Mk. bezw.
1022 Mk. abgeliefert werden konnten. Der Eintrittspreis ist ein sehr
mäßiger (Besuch des Stadtgartens 20 Pf., der Konzerte 40 bis 60 Pf.;
Sonntags von 1—7 Uhr bei Nachmittagskonzert freier Eintritt); auch
gibt es billige Familien= und Einzelabonnements für Einheimische und
Fremde.

Familienkarte	15 Mk.
Hauptkarte	10 „
Beikarte	3 „
Akademikerjahreskarte . . .	5 „
Fremdenkarte für 6 Wochen .	3 „
„ „ 1 Woche .	1 „

Den malerischen Hintergrund des Gartens im Osten bildet der steil
ansteigende Schloßberg mit seinen wunderbaren Anlagen und Baum=
pflanzungen. Die Fülle der Zugänge und Spazierwege sowie die
Mannigfaltigkeit der Aussichten sichern ihm eine täglich wachsende Be=
sucherzahl. Um einen freien Ausblick zu schaffen, hat die Stadtverwaltung
in den Jahren 1889—1905 noch das Gelände am westlichen Abhange
des vorderen Schloßberges käuflich erworben und auf der ganzen Berg=
seite eine Parkanlage mit Waldcharakter geschaffen.

Jenseits der Dreisam führt südöstlich ein schattiger Baumgang nach
dem Möslepark und den idyllischen Waldseeanlagen, die wegen ihrer
hervorragenden landschaftlichen Schönheit und wegen ihrer geschützten
Lage einen beliebten Ausflugsort bilden.

Kleinere Anlagen und Schmuckplätze befinden sich dann
noch am Bahnhof, an beiden Ufern der Dreisam, vor der Oberreal=
und Hildaschule, vor der Herz=Jesukirche im Stühlinger und der Johannis=
kirche in der Wiehre, im Kolombipark und an zahlreichen anderen Stellen.
Außerdem wird aber durch Baumpflanzungen an über 100 Straßen und
Plätzen wie durch die vielen Vorgärten dem Stadtbild ein erhöhter Reiz
verliehen. Seit einigen Jahren läßt sich die Stadtgärtnerei auch die
Balkonschmückung von Privathäusern durch Lieferung der erforder=
lichen Schlingpflanzen und Prämierung angelegen sein.

Die Pflanzen für die Schmuckanlagen werden einem eigens ein=
gerichteten Anzuchtgarten und einer etwa 2 ha großen Baumschule ent=
nommen.

17. Die Holzzerkleinerungsanlagen.

Für die Zerkleinerung des Brennholzes für die ſtädtiſchen Amts-
ſtellen und Schulen — es werden gegenwärtig etwa 4070 Ster Scheit-
und Prügelholz und 27250 Stück Wellen (3645,90 Feſtmeter) im
Werte von 37206 Mk. gegenüber z. B. 4938 Ster Scheit- und Prügelholz (4605,35 Feſtmeter) im Werte von 42722 Mk. im Jahre 1901
benötigt — beſitzt die Stadt ſeit dem Jahre 1902 eine eigene Holz-
ſpalterei auf dem freien Platz an der Uhlandſtraße.

Im Jahre 1903 wurde zur Zerkleinerung des aus den ſtädtiſchen
Waldungen zu verkaufenden Brennholzes mit einem Koſtenaufwande von
6100 Mk. eine weitere Anlage im „Bohrer“ errichtet, welche zum
Preiſe von 1,75 Mk. das Ster Holz zerkleinert, wodurch es dem holz-
verbrauchenden Publikum ermöglicht wird, ſein Brennmaterial in ge-
brauchsfertigem Zuſtande und auf die bequemſte und billigſte Weiſe in
ſeine Wohnung zu erhalten. Auf dem ſtädtiſchen Holzhof werden insgeſamt etwa 1800 bis 2000 Ster jährlich geſpalten.

Während nun aber die Anlage im „Bohrer“ einen Überſchuß von
etwa 100 Mk. pro Jahr erzielt, erfordert jene an der Uhlandſtraße
für Arbeits- und Fuhrlöhne einen Zuſchuß aus der Stadtkaſſe von
einigen hundert Mark.

Die Rechnungsergebniſſe für dieſe beiden Betriebe geſtalten ſich
folgendermaßen:

Jahr	Einnahmen Mk.	Ausgaben Mk.
1908	8575	8782
1907	6614	6743
1906	5959	6275
1905	5277	5265

18. Anſtalten und Einrichtungen für die Stadt-reinigung.

a) Straßenunterhaltung und Kanaliſation.

Die Unterhaltung der Straßen, Kanaliſation und öffentlichen Ge-
wäſſer erfolgt in Freiburg durch das ſtädtiſche Tiefbauamt, welchem
die umfaſſendſte Tätigkeit von allen techniſchen Gemeindebetrieben zu-
gewieſen iſt. Die Zahl der etatmäßig angeſtellten Beamten dieſes Reſſorts
beträgt 26, während an Arbeitern im Sommer 350—360 beſchäftigt
werden, von denen etwa 35 Akkordarbeiter ſind und mit Sandwerken und
Steinklopfen, ſowie mit der Zubereitung von Sand- und Kiesgruben-

material und mit Steinbrechen beschäftigt und etwa 10 gelernte Arbeiter
(Maurer, Pflasterer, Steinbrecher, Zimmerleute, Dampfwalzmaschinisten usw.)
sind; der Rest entfällt auf die ungelernten Arbeiter. Ihr hauptsächlichstes
Arbeitsfeld bildet der Neubau, die Unterhaltung und Reinigung der Straßen,
die Reinigung der Stadtbäche, sowie die Unterhaltung und Reinigung der
Tiefkanalisation.

Es sind zur Zeit 158,78 km Straßen und Gehwege mit einer Ge-
samtfläche von 13 261 a zu unterhalten, und zwar 96,84 km chaussierte
Ortsstraßen und 8,46 km chaussierte Kreiswege, welche insgesamt
einschließlich der zugehörigen Kiesgehwege ein Areal von zusammen
10 094 a umfassen, 12,68 km gepflasterte Straßen mit einem Areal
von 1 135 a und 40,80 km Waldfahrstraßen mit einem solchen von
2 032 a.

Die Ausgaben der Stadt für Herstellung und Unterhaltung der
Straßen und Gehwege einschließlich der Kosten für Besprengung und
Reinigung der Straßen — die Reinigung der Gehwege haben vorläufig
noch die Grundstücks- und Hauseigentümer zu besorgen — sind im Voranschlag für das Jahr 1909 mit 520 000 Mk. eingestellt und für die
Unterhaltung und Reinigung der Tiefkanalisation und der Stadtbäche
sind 29 000 Mk. vorgesehen.

Die schon in den 80er Jahren des vorigen Jahrhunderts begonnene
Schwemmkanalisation wurde anfangs der 90er Jahre in Verbindung mit den Rieselfeldern ausgebaut und in der Zwischenzeit erheblich erweitert; sie umfaßt heute rund 98 km gegenüber 23 km vor
zwanzig Jahren. Das Anlagekapital beträgt nahezu 3 Mill. Mark.

Seit 1890 hat sich das Straßen- und Feldwegnetz unter Berück-
sichtigung der Eingemeindungen von Günterstal, Haslach, Zähringen
und Betzenhausen und der inzwischen neuerbauten Waldfahrstraßen um
nahezu das Doppelte vergrößert, indem es von 80 km auf 123 km
im Jahre 1898 und 159 km im Jahre 1908 angewachsen ist.

Die Herstellung des größeren Teils der neu anzulegenden
Straßen erfolgt in neuerer Zeit auf Kosten der Anstößer, die dann das
erforderliche Gelände kaufschillingfrei stellen und die Kosten der Straßen-
ausführung einschließlich Kanalisation, Gas- und Wasserleitung bar
bezahlen. Bei Straßen, die beiderseitig bebaut werden können, erstreckt
sich der Kostenersatz für die anstoßenden Grundstücke bis zur Straßen-
mitte. Bei solchen Straßen dagegen, die nur an einer Seite abgebaut
werden können, ist Ersatz für Zweidrittel der Straßenbreite und entlang
öffentlichen Plätzen bis zur Breite von 15 m zu leisten.

5 *

Was die Gehwege anbetrifft, so bilden die Kosten für die Her=
stellung nur mit Kies überlegter Gehwege einen Teil der Straßen-
herstellungskosten überhaupt. Durch Beschluß des Stadtrates kann aber
die Befestigung schon vorhandener oder neu anzulegender Gehwege mit
Asphalt, Rheinkiesel oder anderem Material angeordnet werden. In
diesem Falle haben die Eigentümer der anstoßenden Liegenschaften ohne
Rücksicht auf die Überbauung der letzteren an den Kosten der ersten
Befestigung der Gehwege für den Frontmeter 7 Mk. zu bezahlen,
soweit entlang ihrer Grundstücke die Gehwegbefestigung ausgeführt wird.
Die Unterhaltungskosten trägt dagegen die Stadt allein

Alle diese Beiträge sind fällig, sofern die Straße nebst ihrer Zu=
gehörden nicht auf Kosten aller Anstößer erstellt wurde:

1. bei Grundstücken, welche zur Zeit der Herstellung der Ortsstraße oder
   des Kanals bereits bebaut sind, sobald mit der Herstellung der
   Ortsstraße oder des Kanals begonnen wird;
2. bei dem Anbau an eine schon vorhandene oder an eine schon mit
   Kanal versehene Ortsstraße sofort mit dem Beginn des Baues;
3. bei unbebauten Grundstücksteilen entlang einer fertiggestellten
   oder mit Kanal versehenen Ortsstraße, welche Teile mit bebauten
   Grundstücken als Zugehörden verbunden werden, sobald diese Ver=
   bindung stattfindet;
4. bei Gehwegen, sobald die befestigten Gehwege benützbar her=
   gestellt sind.

An Ausgaben für öffentliche Gewässer, welche in der Haupt=
sache außer einem Flußbaubeitrag an die Großherzogliche Staatskasse
(im Jahre 1908 z. B. in Höhe von 4200 Mk.) und aus allgemeinen
Unterhaltungskosten für Brücken und Ufer bestehen, sind in dem Vor=
anschlag für 1909: 9500 Mk. vorgesehen.

b) Die Abfuhranstalt [1].

Bis zum Jahre 1888 wurde die Abfuhr in Freiburg (Gruben=
entleerung und Müllabfuhr) von Privatunternehmern besorgt. Als
Ende 1887 die Dünger=(Poudrette)Fabrik von Buhl und Keller, an welche
die Grubenentleerung zuletzt verpachtet war, ihren Betrieb infolge
Zusammenbruchs einstellte, kaufte die Stadt das Anwesen an der Lehener

---

[1] Vgl. den Abschnitt „Abfuhr und Verwertung der städtischen Abfallstoffe"
von G. H. Heizmann in dem mehrfach erwähnten Werke „Freiburg i. Br., die
Stadt und ihre Bauten" S. 170 ff.

Landstraße an, errichtete darauf eine Abfuhranstalt und übernahm die
Grubenentleerung, sowie die Abfuhr der Haushaltungsabfälle in
Selbstverwaltung.

Seit Einführung der Kanalisation werden sowohl die häuslichen
Abwasser wie die Fäkalien auf die Rieselfelder abgeleitet.

Die Abfuhr des Kehrichts sowie der Haus= und Küchen=
abfälle wird durch die Stadtverwaltung unentgeltlich ausgeführt.
Nur die Gasthöfe, Anstalten, größeren Geschäfte und Gewerbebetriebe
haben eine mäßige Vergütung von wöchentlich 3 Mk. zu leisten, welche
im Jahre 1908 insgesamt 1833 Mk. betrug. Die Kosten für die Müll=
abfuhr belaufen sich jetzt auf rund 40 000 Mk. (gegenüber 15 000 Mk.
im Jahre 1898) welche von der Stadtkasse aus allgemeinen Mitteln be=
stritten werden.

Die Fortschaffung des Kehrichts und Hausmülls erfolgt in staub=
freier Weise aus den Gebäuden der Stadt mittelst gedeckter Kehricht=
behälter und durch die Verwendung von gedeckten Abfuhrwagen, welche
die Vornahme der Entleerungsarbeit in dem Wageninnern gestatten.

Die Stadt umfaßt gegenwärtig einschließlich der beiden Vororte
Günterstal und Zähringen insgesamt 26 Fuhrbezirke. Es findet nur
noch Vormittagsabfuhr (erste Fahrt von $^3/_4$7 bis 9 und die zweite von
$^3/_4$10 bis 12 Uhr), und zwar wöchentlich dreimal statt. Die Samstag=
Nachmittags=Abfuhr, welche früher vorgenommen wurde, kam in Wegfall.
Für den täglichen Vormittagsdienst werden jeweils 6—7 zweispännige
Gespanne nebst Knechten und 12—14 Arbeiter für die Wagenbedienung
verwendet. Die Pferde werden von einem Fuhrunternehmer, der der
Stadt zur Besorgung der Abfuhr täglich 6—8 Paare vertragsmäßig
zum Preise von je 12 Mk. zur Verfügung zu stellen hat, gemietet. Die
Knechte und Arbeiter dagegen werden von der Abfuhranstalt selbst an=
gestellt. In der freien Zeit werden die Pferde für Sand= und Kies=,
Koks=, Schlacken=, Grund= und sonstige Fuhren für die städtische Ver=
waltung verwendet. Jeder Bezirk wird nach einem Fahrplan mit Zeit=
einteilung ständig in gleicher Reihenfolge und vom gleichen Personal
(3 Mann) befahren. Im allgemeinen wickelt sich das Geschäft binnen
zwei Stunden glatt ab.

Im Jahre 1908 wurden 3659 Fuhren mit 16 670 Kubikmetern
Hausmüll abgefahren und untergebracht. Der Müll wird, soweit er
nicht als Dünger von der Abfuhranstalt zubereitet und verkauft wird,
zum Auffüllen von Kiesgruben verwendet. Während früher die ver=
wendbaren Kehricht= und Küchenabfälle auf der Abfuhranstalt verarbeitet,

mit Latrine vermischt und unter Verwendung von Gips und Torfmüll
zu Kompost angesetzt wurden, welcher zur Reben-, Acker- und Wiesen-
düngung in der Umgebung Freiburgs stets regen Absatz fand, und auf
diese Weise recht beträchtliche Überschüsse aus dem städtischen Abfuhr-
betrieb erzielt wurden, — diese bezifferten sich z. B. im Jahre 1888
auf 5513 Mk., 1892 auf 10841 Mk., 1893 auf 14513, 1897 auf
8300 Mk. usw. —, erfordert jetzt die Müllabfuhr, Unterhaltung des
Wagenparks und die Müllbeseitigung einen Zuschuß aus der Stadtkasse
von 37—40000 Mk. jährlich. Eine Verwertung der Abfallstoffe findet
jetzt nur noch in beschränktem Umfange statt; der Erlös aus Dünger
und Müll beträgt kaum 500 Mk. mehr im Jahr gegenüber 20000 Mk.
z. B. im Jahre 1890.

Die städtische Abfuhranstalt wird geleitet von einem Verwalter,
der zur Besorgung der erforderlichen Dienstverrichtungen die entsprechende
Zahl von Fuhrknechten (8) und sonstigen Ganz- und Halbtages- (10—12)
sowie Akkordarbeitern (6—8) einstellt.

c) Das Rieselgut[1].

Die Rieselfelder wurden anfangs der neunziger Jahre des vorigen
Jahrhunderts angelegt und umfassen ein Areal von insgesamt 500 ha,
von denen etwa 280 ha in landwirtschaftlicher Benutzung stehen, während
der Rest auf Wald entfällt, der für eine zweckentsprechende Vergrößerung
der Anlage einmal vorgesehen ist.

Das Rieselfeld beginnt in einer Entfernung von etwa $2^1/2$ km von
der städtischen Gemarkungsgrenze und erstreckt sich auf etwa $3^1/2$ km
Länge. Die Rieselfläche ist rund 280 ha groß und in der Hauptsache drainiert. Das Rieselland ist größtenteils von kiesiger, zum kleinen
Teil von lehmiger Beschaffenheit und in einzelne Äcker von je etwa
1 ha Größe eingeteilt, die von Gräben entlang dem oberen Rand der
Äcker mit Abwasser versorgt werden. Als Betriebsstätte dienen die Ge-
bäulichkeiten des schon seit lange bestehenden Mundenhofs, welche durch
Zubau von Gesinde- und Wirtschaftsräumen in der letzten Zeit erheblich
erweitert wurden. Die Berieselung der Felder erfolgt durch die Zuführung
der Spüljauche, welche durch ein unterirdisches Sammelrohr von der
Stadt her in das Rieselgebiet eintritt, in einem offenen Graben weiter
geleitet wird und nach Ausscheidung der gröberen, schwebenden Schlamm-

---

[1] Vgl. die Schrift „Die Kanalisation, die Rieselfelder und deren Betrieb" von
Buhle, Lubberger und Heischkeil, herausgegeben von der Stadt Freiburg
i. Br. 1898.

mengen, Papier und Sand usw. in einem zweiteiligen Absatzbecken in zahlreichen Gräben die Fläche durchzieht. Die günstigen Gefällsverhält= nisse gestatten, den weitaus größten Teil des Gebiets in einem einzigen Abzugsgraben abzuwässern und diesen in die Dreisam abzuleiten.

Die Anlagekosten des städtischen Rieselguts belaufen sich, wenn man den noch stehenden Wald ganz außer Betracht läßt, auf rund 1,65 Mill. Mk. oder 4870 Mk. pro Hektar. Die Kosten der Zuleitung der Abwässer von der Stadt bis zum Gut selbst sind hierin nicht in= begriffen; sie gehören zur Kanalisation. Das Kanalnetz hat jetzt eine Ausdehnung von 98 km gegenüber 72,5 km im Jahre 1898 und 23 km im Jahre 1888 und involviert ein Anlagekapital von rund 2 830 000 Mk.

Die Verwaltung des städtischen Rieselguts erfolgt in eigener Regie. Das zur Bewirtschaftung bestimmte Areal besteht aus:

1. Aptierten Flächen . . . . 204,2615 ha
2. Dämmen . . . . 23,1315 „
3. Unaptierten Flächen:
  a) Sogenannten Bleichäckern . . . . 5,6000 „
  b) Gehöft bis zu den Rieselanlagen . . . 7,0000 „
  c) Sonstigem Land . . . . 1,8000 „
  d) Natürlichen Wiesen . . . . 25,1139 „

Zusammen 266,9069 ha

Für den Umtrieb des Freiburger Rieselguts hat sich als günstiges Verhältnis für den aufgestellten Etat und für Unterbringung des Wassers herausgestellt, wenn ungefähr ein Viertel der aptierten Flächen als künst= liche Wiesen verwendet wird, ein Viertel mit Sommerhalmfrüchten, ein Viertel mit Rüben, Mohrrüben und Mais (überhaupt Früchten, welche außer den künstlichen Wiesen während der Vegetation gerieselt werden dürfen) und ein Viertel mit Winterroggen und Winterweizen angebaut wird.

Nach dem Voranschlag für das Jahr 1909 werden die landwirt= schaftlichen Grundstücke, wie folgt, genützt:

70	ha Winterroggen	. .	à 400 Mk.
75	„ Hafer	.	„ 350 „
15	„ Welschkorn . . .	.	„ 300 „
5	„ Kartoffeln . . .	.	„ 450 „
5	„ Runkelrüben . .	.	„ 600 „
57	„ künstliche Wiesen .		„ 280 „
16,7719	„ natürliche Wiesen .		„ 280 „
23,1215	„ Dämme		„ 30 „

Den Einnahmen aus dieſen Grundſtücken in Höhe von 85 850 Mk. ſtehen Ausgaben im Betrage von 53 585 Mk. an Koſten für Saatbeſtellung, Ernte, Erdrutſch und ſonſtige Arbeiten (wie mehrmaliges Hacken, Verziehen und Reinhalten der Rüben uſw.) gegenüber.

Die Viehhaltung erforderte im Jahre 1908 einen Aufwand von 170 259 Mk. für Futter und Wartung ſowie für Ankauf von Vieh. An Einnahmen waren dagegen 150 732 Mk. zu verzeichnen, und zwar:

a) aus Milch von 80 Kühen à 10 Liter pro Tag

    = 292 000 Liter à 19,5 Pf. . . . . = 62 840 Mk.

b) aus Dung . . . . =   9 667 „

c) aus Viehverkauf (von 80 Kühen à 400 Mk.,

    40 Ochſen à 600 Mk., 60 Kälber à 40 Mk.

    und 2 Pferden à 400 Mk.) . . . . . = 78 225 „

Der Viehſtand beſteht aus 80—90 Kühen, deren Milch zum Preiſe von 19,5 Pf. an die Freiburger Kliniken verkauft wird, 40—50 Ochſen, welche gemäſtet werden, und 18 Pferden. Seit zwei Jahren iſt auch eine beſondere Hengſtſtation auf dem Rieſelgut eingerichtet, die vom Staate ſubventioniert wird und für deren Benützung von den beteiligten Pferdebeſitzern Deckgelder erhoben werden.

Zur Unterbringung und Aufbewahrung des Getreides ſind fünf Scheunen vorhanden, deren jede einen Rauminhalt von 3—4000 cbm umfaßt. Das Rindvieh iſt in ſieben Ställen, und die Pferde ſind in einem Stall untergebracht. Um der Leutenot zu begegnen und die teure Handarbeit möglichſt zu erſparen, wurden in der letzten Zeit verſchiedene landwirtſchaftliche Maſchinen neu angeſchafft, und für das Jahr 1909 ſind zu dieſem Zwecke weitere 7150 Mk. vorgeſehen.

Das Perſonal der ſtädtiſchen Rieſelgutsverwaltung beſteht aus einem Verwalter, einem Aufſeher, einem Rieſel- und einem Wagmeiſter. Der Gehaltsaufwand für dieſe Beamten belief ſich im Jahre 1908 auf 9720 Mk. Die Zahl der ſtändigen Arbeiter und Knechte beträgt 50, wovon 8 Stadtarbeiter ſind. Sieben Partien wohnen auf dem Hofe, während die übrigen Arbeiter ihren Wohnſitz in den umliegenden Ortſchaften haben und ſich täglich um 8/46 Uhr auf dem Gut zur Arbeitsleiſtung einfinden. Unſtändige Arbeiter werden im Sommer zur Beſorgung der erforderlichen Feld-, insbeſondere der umfangreichen Erntearbeiten, noch weitere 30 aushilfsweiſe beſchäftigt.

Das Rieſelgeſchäft, wozu das Umſtellen der Schleuſen, die Verteilung des Waſſers auf die einzelnen Anlagen und die Reinigung der Gräben gehört, wird von dem Rieselmeister und zwei ständigen Rieselwärtern besorgt.

Die Betriebsergebnisse des Rieselguts, welches in der Art und Weise seiner Bewirtschaftung einen Musterbetrieb darstellen soll, sind je nach dem Ernteausfall, Getreide-, Vieh- und Futterpreisen außerordentlich verschieden. Im Durchschnitt der Jahre 1892—1906 wurden jährlich an Bargeld 4173 Mk. und im Jahre 1907: 4097 Mk. an die Stadtkasse abgeliefert, während das Jahr 1908 infolge Erhöhung des eisernen Bestandes an Vieh und Neuanschaffung von Maschinen einen Betriebszuschuß in Höhe von 4727 Mk. erforderte.

Bei der diesjährigen Voranschlagsberatung wurde aus Bürgerausschußkreisen die Verpachtung des Rieselguts angeregt; der Stadtrat hat aber diesem Ansinnen widersprochen, da dieses nicht ein Erwerbsunternehmen, sondern hauptsächlich zur Förderung der gesundheitlichen Verhältnisse der städtischen Einwohnerschaft in Verbindung mit der Kanalisation unter großen finanziellen Opfern angelegt worden sei. Für die dringend notwendige und vom Stadtrat auch schon beschlossene Verbesserung der inneren Einrichtung des Guts wird in den nächsten Jahren die Summe von mindestens einer Viertelmillion aufzuwenden sein.

19. Das öffentliche Untersuchungsamt und die städtische Desinfektionsanstalt.

Die städtische Desinfektionsanstalt wurde im Jahre 1890 im Hofe des ehemaligen Notspitals mit einem Kostenaufwand von 9000 Mk. errichtet. Während sie früher dem Hochbauamt unterstellt war, ist sie seit 1905 dem damals in städtische Verwaltung übernommenen öffentlichen Untersuchungsamt angegliedert. Die Zahl der Desinfektionen betrug:

im Jahre 1908   769 (davon unentgeltlich 277)
   "   "   1907   740 ("   "   228)
   "   "   1906   646 ("   "   174)

Für die Benützung der Desinfektionsanstalt werden folgende Gebühren erhoben:

1. Für Abholen und Zurückbringen von Gegenständen durch den Angestellten der Anstalt:
    Bei Benützung eines Wagens . . . . Mk. 1.—
    Bei Beiziehung eines Pferdes die Auslagen hierfür.

2. Für einzelne Teile eines Bettes (Matratzen, Roste,
   Strohsäcke usw.) per Stück . . . . Mk. 1,25

3. Für gewöhnliche Kissen und Keilkissen, per Stück . . „ —,50

4. Für Federbetten, Deckbetten, Steppdecken, per Stück . „ —,60

5. Für Bettwäsche (Leintücher, Überzüge, Unterlagen),
   per Stück . . . . „ —,15

6. Für einzelne Wäschestücke (Hemden, Unterhosen, Unter-
   leibchen, Leibbinden usw.), per Stück . . . . . „ —,10

7. Für ein ganzes Kleid (Herrenanzug oder Damenkleid) „ 1.—

8. Für einzelne Kleidungsstücke (Hosen, Westen, Joppen,
   Röcke oder einzelne Damenkleider), per Stück . . . „ —,30

9. Für einen gewöhnlichen Kinderanzug . . . . . . „ —,50

10. Für einzelne Bestandteile von Kinderkleidern, per Stück „ —,20

11. Für einen gewöhnlichen Wäschebeutel, enthaltend:
    Strümpfe, Taschentücher, Kragen, Manschetten, Hand-
    schuhe, Stickereien und sonstige kleine Waschgegenstände,
    per Beutel . . . . „ 1,25

12. Für Teppiche, Decken oder große Vorhänge, per Stück „ —,40

13. Für solche Gegenstände, welche in diesem Preisverzeich-
    nis nicht enthalten sind, wird der Preis im Verhältnis
    zu den Kosten und dem Zeitaufwand der Desinfektion
    in Ansatz gebracht.

14. Der geringste Betrag für den Gebrauch des Apparats,
    sofern die Desinfektion sofort verlangt wird, beträgt „ 5,—

15. Bei Kostenberechnungen, welche den Betrag von 30 Mk.
    übersteigen, tritt 20 % Rabatt ein.

16. Unentgeltliche Desinfektion wird dann gewährt, wenn
    von seiten eines Armenarztes (Poliklinik) bezeugt wird,
    daß die zu desinfizierenden Gegenstände von einer
    mittellosen, mit einer ansteckenden Krankheit behaftet
    gewesenen Person herrühren.

Für die Vornahme von Zimmerdesinfektionen wird ein
fester Satz von 2 Mk. für Weg, Abnutzung des Apparats, Watte usw. erhoben,
ferner für Formalin und Spiritus zum Verdampfen des Wassers je nach
dem Kubikinhalt des zu reinigenden Raumes eine Gebühr von 0,60 Mk.
bis 6 Mk. (10—100 cbm) und für Benützung des Ammoniakentwicklers
eine solche von 1,50—2 Mk.

Die Einnahmen= und Ausgabenverhältnisse der Anstalt gestalteten sich in den letzten vier Jahren folgendermaßen:

	Einnahmen	Ausgaben
1908	5528 Mk.	5622 Mk.
1907	5333 „	6650 „
1906	4924 „	5460 „
1905	2667 „	4563 „

Der Wert der im öffentlichen Interesse und für Arme unentgelt= lich ausgeführten Desinfektionen betrug im Jahre 1908: 2033 Mk. gegenüber 1522 im Jahre 1906; er ist somit wie auch die Zahl der Desinfektionen selbst merklich in die Höhe gegangen und ständig im Zu= nehmen begriffen.

Die Ausführung der nötigen Desinfektionen besorgen zwei städtische Desinfektoren, welche wie die ganze Anstalt dem Vorstand des öffentlichen Untersuchungsamts, der ein staatlich geprüfter Nahrungsmittelchemiker ist, unterstellt sind.

Das letztere ist wie die Desinfektionsanstalt eine im öffentlichen Interesse geschaffene sanitäre Einrichtung und erfordert ebenso wie diese zur Deckung seiner Unkosten einen Zuschuß aus der Stadtkasse. Ge= schäftsumfang und Rechnungsergebnisse sind aus den folgenden Zahlen ersichtlich:

	Zahl der vorgenommenen Untersuchungen	Einnahmen	Ausgaben
1908	1649	5994	7045
1907	1558	5633	6377
1906	1592	5069	6963

20. Der städtische Krankentransportwagen.

Im Jahre 1907 wurde von der Stadtverwaltung ein besonderer Krankenwagen mit einem Kostenaufwand von 2800 Mk. angeschafft, der Behörden und Privaten zur Verfügung steht, um Kranke jeder Art in die verschiedenen Krankenhäuser, zur Bahn und bei Wohnungswechsel usw. zu befördern. Die Pferde werden von einem Fuhrunternehmer gestellt, mit dem seitens der Stadt ein diesbezüglicher Vertrag abge= schlossen wurde. Ein gelernter Krankenwärter leitet den Transport.

Die im öffentlichen Interesse erfolgenden Krankentransporte werden unentgeltlich besorgt, in allen übrigen Fällen werden für die Inanspruch= nahme des Krankentransportwagens folgende Gebühren erhoben:

Zeitaufwand	Einspänner		Zweispänner	
	1 und 2 Personen	3 und 4 Personen	1 und 2 Personen	3 und 4 Personen
	Mk.	Mk.	Mk	Mk.
Bis ³/₄ Stunde	2,20	2,20	3,70	3,70
Bis 1 Stunde	2,20	2,20	3,70	4,20
Für jede weitere Viertelstunde mehr .	50 Pf.		1 Mk.	

Für die Desinfektionen, welche sowohl periodisch als auch nach
jedem Transport von Personen mit ansteckenden Krankheiten vorgenommen
werden, werden keine besonderen Gebühren erhoben.

Der Aufwand für den Krankentransportwagen belief sich im Jahre
1908 auf 2400 Mk., denen an Einnahmen nur 1430 Mk. gegenüber-
standen, so daß also auch dieses gemeinnützige Unternehmen aus der
Stadtkasse subventioniert werden muß.

21. Der städtische Liegenschaftsbesitz und dessen Bewirtschaftung.

Die Stadt Freiburg verfügt von altersher über einen großen und
wertvollen Liegenschaftsbesitz, der früher noch bedeutender war als heute,
da in den zwanziger Jahren des vorigen Jahrhunderts eine Reihe von
Höfen und Landgütern in den benachbarten Gemarkungen der von den lang-
wierigen Kriegszeiten herrührenden ungünstigen Finanzverhältnisse wegen
von der Gemeinde verkauft werden mußten.

Die Gemarkung Freiburg umfaßt gegenwärtig eine Fläche von
5964 ha; hiervon entfallen auf die Stadt und ihre örtlichen
Stiftungen 4212 ha = 70% des ganzen Flächeninhaltes.
Läßt man den 3123 ha umfassenden Waldbesitz außer Betracht, so ergibt sich bei einer Gemarkungsfläche von 2773 ha für die Stadt und
ihre Stiftungen noch ein Liegenschaftsareal von rund 1081 ha = 40%
des Bauterrains im Stadtgebiet.

Der Wert des städtischen und Stiftungs-Liegenschaftsbesitzes einschließlich der Gebäude betrug:

im Jahre 1886
in der Gemarkung Freiburg für 3650 ha 95 a   17 072 100 Mk.
in sonstigen Gemarkungen für   820 „ 66 „   1 387 200 „
Zusammen 4471 ha 61 a   18 459 300 Mk.

im Jahre 1909

in der Gemarkung Freiburg für 4212 ha 53 a 78 172 900 Mk.

in sonstigen Gemarkungen für 1191 „ 22 „ 4 490 800 „

Zusammen 5403 ha 75 a 82 663 700 Mk.

Während sonach der städtische Liegenschaftsbesitz seinem Flächen=
inhalt nach in den letzten 23 Jahren um 932 ha 14 a zugenommen hat,
beträgt die Wertsteigerung[1] 64 204 400 Mk. Der steuerfreie
Grundbesitz (Straßen, Wege, Anlagen, Friedhöfe, Gewässer usw.) ist
in dieser Wertsberechnung nicht inbegriffen, da für denselben keine
Schätzungen vorhanden sind.

Von den in den Jahren 1886 bis 1909 mit einem Aufwand von
20 113 100 Mk. erworbenen Liegenschaften mit einem Flächenmaß
von 1256 ha 75 a wurden innerhalb dieses Zeitraums wieder 24 ha 90 a
veräußert und dafür 2 065 500 Mk. vereinnahmt. Es waren daher von
den im Kauf=, Tausch= oder Schenkungsweg erworbenen Liegenschaften
am 1. Januar 1909 noch 1231 ha 85 a vorhanden, für welche sich
der Reinaufwand auf 18 047 600 Mk. belief. Der Wert dieser
Objekte wurde auf 26 983 300 Mk. ermittelt; es ergibt sich hier=
nach ein Wertzuwachs von 26 983 300 Mk. — 18 047 600 Mk.
= 8 935 700 Mk.

Die Tabelle auf Seite 78/79 enthält eine gedrängte Zusammenstellung
über den Liegenschaftsbesitz der Stadt Freiburg und ihrer Stiftungen nach
dem Stande vom 1. Januar 1909 unter Trennung nach Gebäuden,
Wald und sonstigen Liegenschaften.

In der richtigen Erkenntnis, daß ein ausgedehnter Grundbesitz ein
Vermögensobjekt von unersetzlichem, andauernd wachsendem Werte darstellt
und die sicherste Grundlage für eine gedeihliche Finanzwirtschaft bildet,
hat sich die Stadtverwaltung — in der letzten Zeit allerdings nicht ohne
Widerspruch einzelner Kreise des Bürgerausschusses — die planmäßige
Vermehrung des Gemeindelandes durch Ankauf neuer Grundstücke und
Häuser von jeher in besonderem Maße angelegen sein lassen. Dieser große
und günstig gelegene Grundbesitz hat die Stadt nicht nur nicht unabhängig
von den privaten Grundeigentümern und den zahlreichen Spekulanten in

---

[1] Der Wertsberechnung für das Jahr 1909 sind in der Hauptsache die Ver=
anlagung zur staatlichen Vermögenssteuer, bei dem als steuerfrei nicht veranlagten
Gebäuden und bei dem Waldbesitz die in den Vermögensdarstellungen enthalte=
nen und zum Teil auch die von den beteiligten Verwaltungen erhobenen Werte
zugrunde gelegt.

Liegenschaftsbesitzer	Gebäude	
	Fläche	Wert
	ha | a	Mt.
Stadtgemeinde	40 | 58	20 127 600
Beurbarung	3 | 50	1 844 000
Zunftvermögen	— | —	—
Heiliggeiſtſpital	6 | 72	1 589 000
Schulfonds Adelhausen	— | 84	900 000
Armenfonds	— | —	—
Waiſenhaus	1 | 4	900 000
St. Urſula	— | 26	400 000
Sonſtige Stiftungen (Sautier, Krügel, Häberle uſw.)	— | 22	291 600
Zuſammen	53 | 16	26 052 200

der Erfüllung ihrer oft ſehr beträchtlichen e i g e n e n baulichen Aufgaben
(Schulhäuſer, Theater, Sammlungsgebäude, Parks und Anlagen, freie
Plätze, Straßen uſw.) gemacht, ſondern er ermöglichte ihr erſt eine
rationelle Ausgeſtaltung der gemeindlichen Bau= und Bodenpolitik, ſowie
ein erfolgreiches Wirken auf dem wichtigen Gebiete der G e ſ u n d h e i t s -
p f l e g e und S o z i a l p o l i t i k (Eigenbau von Kleinwohnungen, Förderung
des Baues von ſolchen Wohnungen durch die „gemeinnützige Bau=
geſellſchaft" und den „Freiburger Bauverein"), wie er auch den wirk=
ſamſten Hebel zu einer zweckmäßigen Fortentwicklung der induſtriellen
und Verkehrsverhältniſſe bildet.

Auch die Reichs=, Staats= und Kirchenbehörden haben die Wohltat
dieſes ausgedehnten Liegenſchaftsbeſitzes ſchon öfters bei der Erſtellung
von größeren Bauwerken inſofern empfunden, als ihnen die Stadt=
verwaltung durch Überlaſſung von geeignetem Terrain die weitgehendſte
Unterſtützung zuteil werden ließ (Nordkaſerne, Artilleriekaſernement nebſt
Proviantamt und Depotgebäude, Friedrichsgymnaſium, Lehrerſeminar und
Kollegienhausneubau, Kirchenbauten und Ordinariatsgebäude uſw.).

Der ſich gegenwärtig auf 5403,77 ha belaufende Grundbeſitz der
Stadt und ihrer Stiftungen zeugt von einer geſunden gemeindlichen
Finanz= und Bodenpolitik und repräſentiert die gewaltige Summe von
rund 83 Millionen Mk., wovon etwa 55 Millionen Mk. auf die
Stadtgemeinde und die Beurbarung und der Reſt auf die eigentlichen
Stiftungen entfallen. Wenn die Stadtverwaltung an dem von ihr ſeit
Jahrzehnten befolgten und durch ihre glänzenden Erfolge bewährten
Grundſatz feſthält: „in der erſten Zone v e r k a u f e n, dagegen in der dritten
Zone kaufen", und namentlich ein Teil ihres durch Veräußerungen der

Wald			Sonstige Liegen-schaften			Zusammen		
Fläche		Wert	Fläche		Wert	Fläche		Wert
ha	a	Mk.	ha	a	Mk.	ha	a	Mk.
3 588	78	11 425 500	936	74	13 844 000	4 566	10	45 397 100
—	—	—	302	20	7 824 500	305	70	9 668 500
—	—	—	—	36	12 500	—	36	12 500
119	99	159 000	207	19	11 723 600	333	90	13 471 600
5	34	10 000	135	85	6 450 800	142	3	7 360 800
—	29	800	44	17	4 426 800	44	47	4 427 600
—	—	—	3	42	117 100	4	46	1 017 100
—	—	—	4	27	611 600	4	53	1 011 600
1	32	3 000	—	68	2 300	2	22	296 900
3 715	72	11 598 300	1 634	88	45 013 200	5 403	77	82 663 700

verschiedensten Art erzielten Erlöses jeweils wieder zu Neuerwerbungen verwendet, dann wird auch für eine gedeihliche wirtschaftliche und soziale Weiterentwicklung des Gemeinwesens eine gewisse Sicherheit bestehen, und insbesondere die Bautätigkeit in wirksamer Weise beeinflußt werden können.

Was nun die Art und Weise der Bewirtschaftung des Ge- meindegrundeigentums anbetrifft, so werden die Gebäude, soweit deren Räume nicht für städtische Verwaltungszwecke benötigt werden, vermietet, die Waldbestände durch das städtische Forstamt in eigener Regie bewirtschaftet und die Äcker, Allmend- und Lager- plätze sowie ein Teil der Wiesen und das Gartenland verpachtet, während die Mehrzahl der Wiesen, die Reben und das Rieselfeld in Selbstbewirtschaftung stehen und die Erträgnisse der übrigen Wiesen in der Regel kurz vor der Heuernte im Wege einer öffentlichen Ver- steigerung und das Herbsterträgnis an das Heiliggeistspital, das seit einigen Jahren eine eigene Kellerei eingerichtet hat und einen kleinen Weinhandel betreibt, veräußert werden.

Die Stadtgemeinde und die städtische Beurbarung besitzen 220 öffent- liche Gebäude und Wohnhäuser mit rund 600 Dienst- und Miet- wohnungen, ferner 7 Wirtschaften (St. Ottilien, Jägerhäusle, Waldsee- restaurant, Stahl, Heimisches Schwimmbad, Schauinsland-Rasthaus und Festhallewirtschaft) und 2 große geschlossene Hofgüter (Birkenreutehof bei Kirchgarten und Gassenbauernhof in der Gemarkung Hofsgrund). Die landwirtschaftlich genutzten Grundstücke dieser beiden Ver- mögenssubjekte bestehen aus 251 ha Äcker (Stadt 73 ha), 343,14 ha Wiesen (219 ha), 8 ha Reben (Stadt) und 14,70 ha Gärten (14 ha);

der Waldbesitz der Stadt umfaßt eine Fläche von 3588,78 ha, von welchem 3250 ha einen Holz= und Futterertrag abwerfen.

Die unter städtischer Aufsicht stehenden Stiftungen befinden sich im Besitz von 15 Anstalts= und Wohngebäuden, 127 ha Wald und 393 ha Äcker, Wiesen, Reben und Gartenland. Die Bewirtschaftung und Verwaltung dieser Liegenschaften erfolgt in ähnlicher oder gleicher Weise wie bei dem städtischen Grundbesitz. Das Gesamtvermögen der Stiftungen ist einschließlich der ausstehenden Kapitalien auf rund 35 Millionen Mk. anzuschlagen, deren Erträgnisse für allgemeine oder bestimmte städtische Zwecke (Schulen, Armen=, Kranken= und Waisenfürsorge usw.) verwendet werden.

Weiter sind dann noch die städtischen Eisbahnen im „Hölderle" und am Waldsee zu erwähnen, von denen sich die erstere im Eigen= betrieb der Gemeinde befindet, während letztere mit dem ganzen Waldseeanwesen (Restaurant nebst Schiffahrt und Fischerei) an einen Wirt um den Preis von 5500 Mk. pro Jahr verpachtet ist. Der Eis= weier in Herdern ist dem dortigen Lokalverein unentgeltlich zur Benützung überlassen. Nennenswerte Überschüsse werden aus der Eisbahn im „Hölderle" nicht erzielt.

Die Jagden, für welche das Gemarkungsgebiet in sieben Distrikte eingeteilt ist, die selbst wieder auf die Dauer von sechs bis neun Jahre verpachtet sind, werfen einen Reinertrag von jährlich 7338 Mk. und die Fischereien in den städtischen Gewässern (nach Abzug der Unkosten für Forellenbrut, Fangerlohn und Unterhaltung der Forellenteiche usw.) einen solchen von 200 bis 300 Mk. ab.

Zum Schluß mag in diesem Zusammenhang auch noch auf die städtische Faselviehhaltung hingewiesen werden, welche der Stadt= kasse einen Aufwand von 7000 bis 8000 Mk. jährlich (1908: 7800 Mk.) verursacht. Die Stadt besitzt 14 Farren und 1 Ziegenbock, welche in den einzelnen Stadtteilen in Privatställen gegen entsprechende Vergütung untergebracht sind und dort zum Sprunge bereit gehalten werden.

22. Die Beurbarung.

Die Beurbarung ist ein Gemeindevermögen mit besonderer Zweck= bestimmung.

Der Beurbarungsfonds wurde im Jahre 1790 mit Genehmigung der vorderösterreichischen Regierung (vom 6. Mai 1790) auf Grund einer

Vereinbarung zwischen dem Magistrat und den Zunftmeistern mit der Bestimmung errichtet, daß den damals bestehenden zwölf Zünften 556 Morgen Hutwaiden zur Urbarmachung überlassen werden sollten.

Das Vermögen der Beurbarung ist Eigentum der Bürgerschaft als Gesamtheit, da die Zünfte zu der Zeit, wo sie die Beurbarung gründeten, die politische Gemeinde bildeten. Dasselbe ist nicht unmittelbar zur Bestreitung der Gemeindebedürfnisse bestimmt, die Erträgnisse sind vielmehr zu verwenden: 1. zur Abgabe des Beurbarungsnutzens an die genußberechtigten Bürger und Bürgerswitwen; 2. zur Erreichung und Unterstützung gemeinnütziger Zwecke.

Seit 1867 findet ein Naturalgenuß, zu welchem Zweck früher 257½ Morgen Ackerfeld auf der Viehweide dienten, nicht mehr statt; es wird vielmehr von allen Berechtigten der sogenannte Beurbarungsnutzen, welcher auf 3 fl. = 5,15 Mk. für den Genußteil festgesetzt ist, in Geld bezogen. Ende 1908 befanden sich im ganzen noch 420 Bürger im Genusse dieser Vergünstigung.

Aus dem Beurbarungsfonds wurde im Jahre 1811 die Leihanstalt und im Jahre 1826 die Sparkasse gegründet und beide mit den erforderlichen Betriebsfonds ausgestattet. Diese beiden Anstalten haben ihre Überschüsse an die Beurbarungskasse abzuliefern, insofern sie einen genügenden Reservefonds besitzen.

Die Verwaltung des Beurbarungsvermögens besorgt eine besondere Kommission, bestehend aus einem Vorsitzenden und zwölf Mitgliedern, welche jeweils für eine sechsjährige Dienstzeit gewählt werden. Dieser Kommission müssen zwei Mitglieder des Stadtrats, das eine als Vorsitzender, das andere als dessen Stellvertreter angehören. Der Bürgerausschuß übt bezüglich des Beurbarungsvermögens die gleichen Befugnisse aus wie über das Gemeindevermögen.

Ein von der Kommission aus deren Mitgliedern ernannter Kulturrat hat gemeinsam mit dem Beurbarungsverwalter über die Erhaltung der Güter in ertragsfähigem Zustand zu wachen, bei dahin zielenden Fragen sein Gutachten abzugeben und die landwirtschaftlichen Arbeiten zu beaufsichtigen.

Dem Beurbarungsverwalter ist außerdem noch die Stelle des ersten Rechners der Sparkasse sowie die Rechnungsführung über das vereinigte Zunftvermögen, das der Verwaltung der Beurbarungskommission ebenfalls untersteht, übertragen.

Die Beurbarung besitzt gegenwärtig 71 Wohnhäuser und öffentliche Gebäude (Theater, Festhalle, Sammlungsgebäude) im Wertanschlag von mehr als zwei Mill. Mark. Das Theatergebäude an der Salzſtraße (ehemaliges Franziskanerkloſter) iſt der Stadtgemeinde unentgeltlich zur Benützung überlaſſen; letztere hat nur den Innenbau herſtellen zu laſſen und die Unterhaltungskoſten zu tragen. Für das Sammlungs= gebäude (Theaterſchulhaus) hat die Stadt einen jährlichen Pachtzins von 1885,71 Mk. zu bezahlen.

Die Kunſt= und Feſthalle wird vom Stadtrat nach einem be= ſonderen Gebührentarife für alle möglichen Veranſtaltungen (Vorträge, Konzerte, Bälle, Ausſtellungen, Kommerſe, Schulfeiern uſw.) vermietet. Die regelmäßige Gebühr für die mietweiſe Überlaſſung der Halle beträgt 200 Mk. Ausnahmsweiſe wird die Gebühr auf 60 Mk. ermäßigt, wenn die Halle an hieſige Korporationen, Anſtalten, Vereine uſw. über= laſſen wird. Vorausſetzung hierbei iſt aber, daß die Veranſtaltung in der Halle dem öffentlichen Zweck der Belehrung, der Wohltätigkeit, der ſozialen Fürſorge, der Unterhaltung dient und entweder kein oder nur ein derart bemeſſenes Eintrittsgeld erhoben wird, daß die Einnahme aus demſelben die Höhe der Koſten der Veranſtaltung nicht oder nicht weſent= lich überſteigt, alſo jeder Erwerbszweck ausgeſchloſſen iſt. Wenn ein Erwerbs= zweck vorliegt, erhöht ſich die Gebühr auf 400 Mk. Beſondere Gebühren ſind zu entrichten für das Auf= und Abſchlagen des großen und kleinen Podiums (10 Mk. bzw. 5 Mk.), Benützung des Theaters (40 Mk.), Auf= und Abſchlagen desſelben mit Verſetzung der Schallwand (30 Mk.) und Einrichtung des Saales zu Konzerten uſw. (12 Mk.). Für Heizung und Beleuchtung ſind die baren Auslagen (für Holz, Kohlen, Gas, elektriſchen Strom uſw.) nach dem wirklichen Verbrauch zu erſetzen. Mietfrei wird die Halle abgegeben an die Stadtgemeinde, das aktive Militär und die beiden Militärvereine, die Studentenſchaft, die freiwillige Feuerwehr, die Schulen und zu Wohltätigkeitsveranſtaltungen. Für Be= nützung der Orgel iſt noch eine beſondere Gebühr zu entrichten, und zwar für ein Orgelkonzert eine ſolche von 50 Mk. und für ein anderes Konzert eine ſolche von 20 Mk.

An Einnahmen wurden im Jahre 1908 aus der Feſthalle ins= geſamt 11 040 Mk. erzielt (Wirtſchaftspachtzins 7500 Mk., Garderobe= pacht 710 Mk., Orgelgebühren 170 Mk., Miete von Vereinen uſw. 2460 Mk., Anſchlag der Dienſtwohnung des Hausmeiſters 200 Mk.), denen Ausgaben für Unterhaltung, Neuanſchaffung von Geräten, Verſicherungen, Beſoldung des Hausmeiſters uſw. im Betrage von 10 625 Mk. gegenüberſtanden. Der Brandverſicherungsanſchlag der Feſthalle beträgt 326 900 Mk. An dieſelbe ſchließt ſich nach Weſten ein 39 a großer Wirtſchaftsgarten mit Muſikpavillon an, wo im Sommer täglich Konzerte ſtattfinden.

Die Beurbarung besitzt ferner noch ein zweistöckiges Gebäude am Karlsplatz (Nr. 35), welches den Ausstellungszwecken des Kunstvereins dient und eine Miete von 2500 Mk. jährlich einbringt, und das Schwimmbad an der Faulerstraße, welches aus einem 1½ stöckigen Wohnhaus, einem Herren- und einem Damenbad, einem Schwimmbassin mit Ankleidezellen und Hallen sowie zwei Vorwärmern besteht und ein Areal von 47 a umfaßt. Der Wert dieser beiden Anwesen ist auf mindestens 200 000 Mk. zu veranschlagen.

Dazu kommen noch 66 Wohnhäuser mit insgesamt 222 Kleinwohnungen an der Beurbarungs-, Ferrand- und Zunftstraße, welche in den Jahren 1886—1900 erbaut wurden und an Arbeiter, Unterbeamte, kleine Handwerker und Witwen usw. zu billigen Preisen vermietet sind. Das in diesen Häusern investierte Anlagekapital beläuft sich auf nahezu 1 Mill. Mk. (genau 984 000 Mk.). Im Jahre 1908 standen von den 222 Wohnungen 19 während einer Gesamtdauer von 31 Monaten leer, wodurch sich ein Mietausfall von 900,50 Mk. ergab, wogegen die Mieteinnahmen 57 477,50 Mk. betrugen.

Die Beurbarung soll nach der Intention ihrer Gründer einem Sparpfennig gleichen, den der sorgsame Hausvater zurücklegt, um in den Tagen der Not nachhelfen zu können, und in geregelten Zeiten über das Notwendige hinaus Gutes und Nützliches zu schaffen. Während der ursprüngliche Zweck dieses Instituts nur dahin ging, die in der Umgebung der Stadt gelegenen öden Gründe und Weiden in ertragsfähiges Gelände umzuwandeln, — urbar zu machen —, hat es später seine Tätigkeit den jeweiligen Zeitverhältnissen und deren Bedürfnissen verständnisvoll anzupassen verstanden und auf allen Gebieten der Wohltätigkeit und des Gemeinsinns eine höchst segensreiche Wirksamkeit entfaltet. Außer dem Eigenbau von Wohnhäusern für die minderbemittelten Bevölkerungskreise der Stadt Freiburg hat die Beurbarung auch andere gemeinnützige Unternehmungen auf dem Gebiet der Wohnungsfürsorge tatkräftig unterstützt durch Abgabe von billigem Baugelände oder Bereitstellung von Baugeldern zu günstigen Bedingungen.

Auch auf die Vermehrung ihres liegenschaftlichen Besitzes durch Gelegenheitskäufe ist die Beurbarung stets bedacht gewesen. Es gehören ihr außer den oben erwähnten 71 Wohnhäusern und anderen Gebäuden 178 ha Äcker (Steuerwert 6 187 512 Mk.), 124 ha Wiesen (1 389 773 Mk.) und 70 a Gartenland (185 000 Mk.). Die Grundstücke liegen zum Teil in unmittelbarer Nähe der Stadt und haben zusammen mit den Gebäuden bei mäßiger Schätzung einen Verkaufswert von 11 bis 12 Millionen.

Der Ertrag der Äcker und Wiesen ist jedoch in den letzten Jahren infolge
der Verteuerung des landwirtschaftlichen Betriebs so zurückgegangen, daß
er zur Deckung der laufenden Bedürfnisse nicht mehr ausreicht, vielmehr
die von der Sparkasse ihr alljährlich zufließenden Überschüsse zur Erfüllung ihrer Zwecke teilweise von der Beurbarung selbst verwendet
werden müssen.

Zweites Kapitel.

Die Bedeutung der Gemeindebetriebe für den Ge-
meindehaushalt (Einnahme- und Zuschußbetriebe).

Mit exakter Genauigkeit können die finanziellen Ergebnisse der Gemeindebetriebe und -Anstalten nach den von der Stadtverwaltung heraus-
gegebenen Rechenschaftsberichten nicht festgestellt werden, da diese nur
eine jahresweise Zusammenstellung der tatsächlichen Einnahmen und Ausgaben enthalten und jeweils nur den Betriebsüberschuß bzw. das
Betriebsdefizit, nicht aber das eigentliche Geschäftsergebnis
erkennen lassen. In den vorstehenden und folgenden Ausführungen ist aber,
soweit es nach dem vorhandenen Material möglich war, versucht worden,
die wirklichen Betriebsergebnisse zur Darstellung zu bringen.

Die Gemeindebetriebe der Stadt Freiburg sind mit wenigen Ausnahmen (oder sollen es wenigstens sein) Einnahmebetriebe, d. h.
Unternehmungen, welche nach Abzug sämtlicher Ausgaben, einschließlich
derjenigen für Verzinsung und Tilgung des Anlagekapitals und für den
Erneuerungsfonds, einen (wenn auch zum Teil kleinen) Reingewinn
abwerfen. Hierher gehören vor allem: das Gas-, Wasser- und Elektrizitätswerk, die Forstwirtschaft, Beurbarung mit der Sparkasse, die Markt-,
Wag- und Eichanstalten, ferner die Gemeindezeitung („Freiburger Tagblatt"), der Schlacht- und Viehhof, die Straßenbahn, die Gemeindejagd,
das Begräbniswesen, die Plakatanstalt, die Eisbahnen („Hölderle" und
Waldsee), Rieselgut und Stadtgarten.

Als Zuschußbetriebe kommen in Betracht: das Stadttheater
und -Orchester, die Stadtgärtnerei, Tiefkanalisation, Straßenherstellung,
-Unterhaltung und -Reinigung, Abfuhranstalt, das öffentliche Untersuchungsamt, die Desinfektionsanstalt, Krankentransportwagen, Holz-
zerkleinerungsanlagen und Faselviehhaltung.

Der städtische Liegenschaftsbesitz wird bei dieser Betrachtung am zweckmäßigsten außer Betracht gelassen, da bei dem Erwerb und der Verwaltung von Grundstücken und Gebäuden mehr gemeinnützige, ästhetische und sozialpolitische Gesichtspunkte maßgebend sind als die Absicht, hohe Einnahmen zu erzielen.

Die Reineinnahmen aus den Einnahmebetrieben sind in ihrer Gesamtheit nicht nur erheblich größer als die für die Zuschußbetriebe nötigen Zuschüsse, sondern sie liefern darüber hinaus dem Gemeindehaushalt noch beträchtliche Mittel zur Bestreitung allgemeiner Bedürfnisse, zu deren Befriedigung sonst Steuern oder besondere Gebühren erhoben werden müßten.

Während in den meisten größeren deutschen Städten besondere Abgaben für die Benutzung der Kanalisation, die Kehricht- und Müllabfuhr, sowie die Straßen- und Gehwegreinigung zur Erhebung gelangen, werden in Freiburg alle diese Ausgaben aus allgemeinen Gemeindemitteln bestritten, und trotzdem erfreut sich dies seit 10 Jahren der niedersten Umlage (direkten Gemeindesteuern) von allen größeren Städten Badens, ein Vorzug, der für Freiburg als Fremden- und Rentnerstadt von weittragendster Bedeutung ist.

Die Stadt Freiburg hat seit dem Jahre 1880 43½ Mill. Mk. 3½ und 4 prozentige Anlehen aufgenommen, von welchen bis Ende 1908 3 915 300 Mk. getilgt waren. Diese 43½ Millionen wurden für folgende Zwecke verwendet und werfen nachstehende Erträgnisse ab:

				Einnahmen (nach dem Voranschlag f. 1909)
1.	für reine Liegenschaftskäufe .	6 967 635 Mk.		
2.	„ den Ankauf von Gebäuden .	4 137 425 „		
3.	„ Erbauung von Volksschulhäusern	3 535 755 „		
4.	„ den Neubau der höh. Bürgerschule	732 355 „		55 800 Mk.
5.	„ „ „ „ Gewerbeschule .	1 056 390 „		
6.	„ „ „ des Realgymnasiums mit Oberrealschule	1 181 995 „		
7.	für sonstige Schulzwecke (Beiträge zum neuen staatlichen Gymnasium, Lehrerseminar, Universität usw.) . .	341 330 „		
8.	„ das neue Rathaus . . .	468 000 „		
9.	„ die Artillerie-Kasernenbauten .	4 338 250 „		
10.	„ klinische Hospitalbauten . . .	474 780 „		432 800 Mk.
11.	„ den Theaterneubau	1 268 490 „		
12.	„ sonstige Bauten, (Umgestaltung der Tore, Spritzenhäuser usw.) .	459 125 „		

13. für Gemeindebetriebe:

a) neues Wasserwerk . . .	2 120 695 „	
b) Gaswerk	2 123 510 „	
c) Elektrizitätswerk	2 620 815 „	1 500 000 Mk.
d) Straßenbahn	3 426 745 „	
e) Schlacht= und Viehhof . .	880 900 „	

14. „ Kanalisation und Rieselfeld . . 3 776 515 „　　　2300 „

15. „ den neuen Friedhof . . . . 1 095 415 „　　　52 700 „

16. „ Hochwasserschäden und Dreisam=
　　 brücken . . . . 1 068 200 „　　　—

17. „ Straßenherstellungen u. Pflaste=
　　 rungen 900 550 „　　　1700 „
　　　　　　　　　　　　　　　(Staatsbeitrag).

18. „ sonst. Zwecke (Sammlungen usw.) 112 539 „　　　—

19. „ Kosten und Verluste bei der Be=
　　 gebung des 1907 er Anlehens (von
　　 7 Mill. Mk.) . . . . . 242 920 „　　　—

20. Vorübergehend angelegte Gelder
　　 dieses Anlehens . . . . . 191 996 „　　　—

　　　　　　　Zusammen 43 500 000 Mk. } 2 045 300 Mk.

Die Schulden der Stadt sind also im wesentlichen veranlaßt durch ihre ausgedehnte Tätigkeit auf kulturellem (Schulen, Kunst und Wissenschaft) und wirtschaftlichem Gebiete, die gerade in den Betrieben zur Befriedigung von Bedürfnissen der Gemeindeangehörigen am größten ist. Den Passiven steht ein Vermögen von 87½ Millionen gegenüber, so daß die Gemeinde tatsächlich ein Reinvermögen von nahezu 44 Mill. Mk. besitzt.

Die mittelst obiger Anlehen erstellten Anlagen werfen einen Ertrag von über 2 Mill. Mk. ab, wobei sich die Schulden nicht nur selbst verzinsen und teilweise amortisieren, sondern, namentlich soweit die rein gewerblichen Betriebe (Gas=, Wasser=, Elektrizitätswerk, Schlacht= und Viehhof) in Betracht kommen, noch recht beträchtliche Überschüsse als Unternehmergewinn an die Gemeindewirtschaft abliefern.

Wie die Reineinnahmen aus den Einnahmebetrieben in den letzten Jahrzehnten mit der Ausdehnung der Stadt und dem Wachstum der Bevölkerung von rund 262 000 Mk. im Jahre 1885 auf rund 1 325 000 Mk. im Jahre 1908 = 406 % gestiegen sind, so haben auch die Aufwendungen für die Zuschußbetriebe stets größere Summen erfordert und innerhalb dieser Zeit eine Steigerung von 234 000 Mk. auf

982 000 Mk. = 320 % erfahren. Die Ursache des Wachsens der für die
Zuschußbetriebe nötigen Beträge liegt in den bedeutend gestiegenen Zu-
schüssen für die Straßenherstellung, -Unterhaltung-, -Reinigung, öffentliche Beleuchtung, Stadttheater und -Orchester, Kanalisation, Müllabfuhr,
Desinfektionsanstalt und Faselviehunterhaltung.

Die folgende Übersicht veranschaulicht in gedrängter Form die
finanzielle Bedeutung der Einnahmebetriebe für den städtischen
Haushalt in den Jahren

	1885	1895	1903	1908
		Reineinnahmen in		
	Mk.	Mk.	Mk.	Mk.
Gaswerk	89 159	140 000	250 000	388 875
Wasserwerk	42 200	121 000	229 000	288 121
Elektrizitätswerk	—	—	13 500	163 912
Forstwirtschaft	60 000	108 300	168 500	208 480
Beurbarung mit Sparkasse . .	31 000	93 000	139 000	139 000
Markt-, Wag- und Eichanstalten	23 000	38 120	52 000	60 300
Freiburger Tagblatt	9450	27 000	30 000	35 000
Schlacht- und Viehhof . . .	—	—	5000	9465
Straßenbahn	—	—	—	8552
Jagd und Fischerei	2400	5776	6610	7500
Begräbniswesen	—	7300	—	7300
Plakatanstalt	—	1700	2200	5400
Eisbahnen	—	—	—	3200
Abfuhranstalt	5150	6400	—	—
Rieselgut	—	6300	4500	—
Summe der Reineinnahmen	262 359	554 896	900 310	1 325 342

Aus vorstehender Tabelle geht hervor, daß die dort angeführten Betriebe in der Hauptsache zur Produktion für den Verkehr bestimmt und
die aus der gewerblichen Tätigkeit erzielten Reinerträgnisse im ständigen
Wachstum begriffen sind. Diese Reinerträgnisse mit rund 1 325 000 Mk.
sind auch erheblich größer als der Besoldungsaufwand für die 200
städtischen Beamten und Bediensteten, welcher sich gegenwärtig auf
1 248 811 Mk. beläuft.

Was an Einnahmen aus den Gemeindebetrieben erzielt wird, braucht
nicht im Steuerwege oder in Form von besonderen Gebühren erhoben zu
werden. Während die meisten anderen größeren Städte sich durch eine
rationelle Ausgestaltung und Entwicklung des Steuer- und Gebühren-
wesens für die jährlich wachsenden Ausgaben die nötigen Deckungs-

mittel zu verſchaffen ſuchen, hat man ſich in Freiburg durch die Schaffung einer Reihe von rentabeln Gewerbebetrieben eine ſehr bedeutſame Ein= nahmequelle erſchloſſen und für dauernd geſichert.

Die folgende Überſicht ſtellt den prozentualen Anteil der direkten (Umlagen) und indirekten Gemeindeſteuern, ſowie der Rein= erträgniſſe der Einnahmebetriebe an der Geſamtſumme der ſtädtiſchen Einnahmen und pro Kopf der Bevölkerung in den Jahren 1885, 1895, 1903 und 1908 dar.

Einnahmen aus

	Gemeindeſteuern		Gemeindebetrieben	
		pro Kopf der Bevölkerung		pro Kopf der Bevölkerung
1885	46,9 %	14,27 Mk.	20,4 %	6,16 Mk.
1895	41,4 „	16,03 „	27,0 „	10,45 „
1903	35,1 „	18,84 „	24,3 „	13,05 „
1908	42,0 „	29,00 „	24,0 „	16,36 „

Auf die Reinerträgniſſe der Gemeindebetriebe entfällt alſo nahezu ein Viertel ſämtlicher Einnahmen; abſolut und pro Kopf der Bevölkerung ſind ſie ſtändig geſtiegen. Bei den Gemeindeſteuern iſt die gewaltige Steigerung des Prozentanteils und der Kopfquote im Jahre 1908 auf die in dieſem Jahre in Kraft getretene neue Steuergeſetzgebung (Ver= mögensſteuergeſetz) und den um über 61 % gewachſenen Umlagebedarf zurückzuführen. Die Betriebs= und Rentabilitätsverhältniſſe der Ge= meindeanſtalten ſind zwar im allgemeinen von ſteuergeſetzlichen Maß= nahmen weniger beeinflußt, von umſo größerer Bedeutung iſt aber die wirtſchaftliche Entwicklung ſowie die berufliche und ſoziale Zuſammen= ſetzung der Bevölkerung.

Die Stadtverwaltung Freiburgs hat von jeher einen muſterhaften Betrieb und die Selbſtverwaltung ihrer wirtſchaftlichen Unternehmungen und Gemeindeanſtalten zwecks Förderung des allgemeinen Wohls ihrer Bürgerſchaft als eine ihrer erſten und vornehmſten kommunalpoli= tiſchen Aufgaben betrachtet und eine langjährige Erfahrung hat, wie ihre Liegenſchafts= und Sozialpolitik, ſo auch ihre Wirtſchafts= und Finanz= politik als eine in jeder Beziehung erfolgreiche gerechtfertigt.

Drittes Kapitel.

Die Preispolitik der städtischen Betriebe.

Die Gemeindebetriebe und Anstalten der Stadt Freiburg werden, wie schon an verschiedenen Stellen hervorgehoben wurde, in der Hauptsache nach gemeinnützigen Gesichtspunkten verwaltet. Diese Grundsätze sind auch für die Preisfestsetzung von wesentlichem Einfluß. Für die Inanspruchnahme der Nutzungen und Dienstleistungen der Gemeinde werden in der Regel Gebühren erhoben, die die aufgewendeten Kosten ganz oder teilweise decken; bei einzelnen Unternehmungen sind aber die finanziellen Gegenleistungen derart bemessen, daß sie nicht nur die aufgewendeten Kosten in vollem Umfang ersetzen, sondern auch darüber hinaus noch einem zum Teil sehr beträchtlichen Gewinn abwerfen.

In letzterer Beziehung sind namentlich das Gas-, Wasser- und Elektrizitätswerk als gewinnbringende Unternehmungen hervorzuheben. Das Gaswerk erzielte im Jahre 1908 ein Reinerträgnis von 388 875 Mk. Der Grundpreis des Gases beträgt für 1 cbm Leuchtgas 20 Pf. und für 1 cbm Heiz- oder Motorengas 14 Pf. Größere Abnehmer erhalten außerdem auf Jahresschluß aus ihrem Verbrauche eine Vergütung, welche sich beim Leuchtgas von 2001 cbm an auf ½ bis 3 Pf. (2½—15 %) und beim Heizgas von 5001 cbm an auf ½ bis 1 Pf. (3,6—7,2 %) beläuft. Für die Benützung eines von der Gasanstalt gestellten Gasmessers werden folgende Mietpreise pro Monat berechnet:

$$\text{Für einen Gasmesser zu} \quad \frac{3 \quad 5 \quad 10 \quad 20 \; . \; . \; . \; 150 \; \text{Flammen}}{30 \quad 35 \quad 50 \quad 70 \; . \; . \; . \; 315 \; \text{Pfennig}}.$$

Die Ende 1908 vorhandenen 8660 Gasabnehmer sind in der überwiegenden Mehrzahl Kleinkonsumenten, welche keinen oder nur einen sehr mäßigen Rabatt erhalten.

Während sich im Durchschnitt die Ausgaben der Stadt für das Raummeter erzeugten Gases auf rund 10 Pf. belaufen, wurde für das verkaufte Gas im Jahre 1908 eine Einnahme von 16,02 (1907: 16,15) Pf. erzielt.

Nähere Mitteilungen über die Gasfabrikation und deren Rentabilitätsverhältnisse sind in dem Bericht über die städtische Gasanstalt auf Seite 6/9 enthalten, auf welchen hier füglich verwiesen werden kann.

Wie das Gaswerk, so liefern auch die Wasserwerke jedes Jahr einen recht erheblichen Reingewinn an die Stadtkasse ab, der z. B.

im letzten Betriebsjahr (1908) die anjehnliche Höhe von 288 121 Mk.
erreichte. Für die Benützung der Trinkwaſſerverſorgung der Stadt Freiburg werden folgende Gebühren erhoben:

a) für ſtändige Entnahme der laufende Waſſerzins und der für
Mehrverbrauch zu entrichtende Nachtragswaſſerzins, ſowie im letztern Fall
die Meſſermiete.

Der laufende Waſſerzins ſetzt ſich, wie folgt, zuſammen:

1. Für die Entnahmeſtellen zum gewöhnlichen Hauswaſſer-
   bedarf 2½% des eingeſchätzten Mietwertes
   des Hauſes (Geſchäftsräume wie Wohnräume
   behandelt) . . . .
2. „ eine Waſchküche, ob mit oder ohne beſondere
   Waſſereinrichtung, je nach der Anzahl der Wohnungen . . . . Mk. 5.— bis Mk. 15.—
3. „ eine Abortſpülung . . . . „ 5.—
4. „ einen Pißſtänder (nach Verbrauch) Mindeſtbetrag „ 5.—
5. „ eine Badeinrichtung . . . . „ 4.—
6. „ einen Hofbrunnen (nach Verbrauch) Mindeſtbetrag „ 20.—
7. „ ein Stück Großvieh . . . . „ 2.—
8. „ Wagen-Reinigen das Stück . . . . . . „ 1.50
9. „ Gartenanlagen, der m² . . . . 2½ Pf.
10. „ Gewächshäuſer, der m² . . . . 20 „
11. „ einen Springbrunnen, eine Felsgrotte oder einen
    hydrauliſchen Aufzug (nach Verbrauch) Mindeſtbetrag Mk. 20.—
12. „ Gasmotoren, je 10 cbm Gasverbrauch bei Abrech-
    nung am Schluß des Jahres . . . . . .
    7 Pf.
13. „ Waſſermotoren nach gemeſſenem oder geſchätztem
    Verbrauch
14. „ ſonſtige Geſchäftsbetriebe nach Verbrauch . . .
    Der Mindeſtbetrag einer Veranlagung
    zum laufenden Waſſerzins beträgt 20 Mk.

Wenn ein Abnehmer nach Ausweis des Waſſermeſſers mehr Waſſer
verbraucht, als bei der Einſchätzung angenommen worden iſt, ſo hat er
auf Jahresſchluß einen Nachtragswaſſerzins zu entrichten, der mit
7 Pf. pro Kubikmeter für den ſich ergebenden Mehrverbrauch berechnet wird.

Die Meſſer-Miete beträgt:

Größe der Meſſer:	mm	10/12	15	20	25	30	40	50	80	100
„ „ „	cbm	2	3	5	7	10	20	30	50	100
Miete jährlich:	Mk.	4.—	4.—	5.—	6.—	7.—	8.—	11.—	18.—	20.—
„ monatlich:	Mk.	0,35	0,35	0,45	0,50	0,60	0,70	1.—	1,50	1,80

b) Für vorübergehende Wasserentnahme wird der Wasserzins im allgemeinen lediglich nach dem Verbrauch berechnet. Abweichend hiervon wird beim Wasserverbrauch für Bauzwecke verfahren, indem hier als Mindestbetrag 4 Pf. bzw., wenn das Wasser auch zum Kies- und Sandwaschen verwendet wird, 8 Pf. für den Quadratmeter Baufläche und jedes Stockwerk berechnet werden. Der für vorübergehende Wasserentnahme zur Anrechnung gelangende geringste Wasserzins beträgt eine Mark.

Für leerstehende Wohnungen oder Stockwerke wird der entfallende Wasserzins rückvergütet — sofern kein Mehrverbrauch vorhanden ist —. wenn das Leerstehen mindestens ein Vierteljahr dauert und die Anzeige über das Leerwerden so rechtzeitig gemacht wird, daß der Kontrollbeamte sich hiervon überzeugen kann. Nach erfolgter Anzeige über den Wieder= bezug — bei längerem Leerstehen, wenn beantragt, auf Schluß des Kalenderjahres — wird der Rückersatz vom Tag des Leerwerdens an, und bei verspäteten Meldungen vom 1. des Monats an, in welchem die Meldung erfolgte, berechnet und angewiesen.

Wie eine im Auftrag des Stadtrats im Frühjahr 1909 veranstaltete Rundfrage ergeben hat, erhebt Freiburg neben München den nied= rigsten Wasserzins von allen größeren deutschen Städten.

In dritter Linie ist unter den städtischen Erwerbseinkünften das Elektrizitätswerk zu nennen, das seit seiner Inbetriebnahme (Herbst 1901) einen sehr erfreulichen Aufschwung genommen hat. Im Jahre 1908 z. B. betrug der Reinertrag dieses Unternehmens 163 912 Mk. gegenüber 120 000 im Jahre zuvor. Die Selbstkosten für die Kilo= wattstunde beliefen sich im Jahre 1908 auf 10,02 Pf. (im 1. Betriebs= jahr 1902: 11 Pf.), erlöst wurden 13,52 Pf. (14 Pf.).

Die Sätze des Stromtarifs, die übrigens in der nächsten Zeit eine teilweise Ermäßigung erfahren sollen, entsprechen im großen und ganzen den auch in anderen Städten zur Erhebung gelangenden Preisen. Der Grundpreis für eine KWSt beträgt für Beleuchtungszwecke 60 Pf. und für andere Zwecke 20 Pf., sofern der Stromverbrauch besonders gemessen wird. Bei größerem jährlichen Verbrauch an Strom für Beleuchtungszwecke innerhalb eines Grundstücks und seitens ein und desselben Abnehmers wird ein Rabatt gewährt, dessen Höhe mit der Größe des Stromverbrauchs nach Maßgabe der folgenden Tabelle wächst:

Verbrauch innerhalb eines Kalenderjahres	Einheits= preis	Gesamt= betrag	Durchschnitts= preis	Rabatt vom Hundert des Grundpreises
Kilowattstunden	Pf.	Mk.	Pf.	Pf.
1—100	60	60	60,0	0,0
101—500	54	276	55,2	8,0
501—1 000	50	526	52,6	12,3
1 001—1 800	45	886	49,2	18,0
1 801—3 000	42	1 390	46,3	22,8
3 001—5 000	39	2 170	43,4	27,7
5 001—10 000	38	4 070	40,7	32,2
10 001—50 000	37	18 870	37,7	37,3
50 001—100 000	35	36 370	36,4	39,3
über 100 000	33			

Auf den Strompreis für andere als Beleuchtungszwecke wird ein Nachlaß nicht gewährt. Die Hausanschlüsse werden ausschließlich vom städtischen Elektrizitätswerk hergestellt und verbleiben in dessen Eigentum. Die Feststellung des Stromverbrauchs erfolgt nur durch vom Elektrizitätswerk gestellte Zähler, welche den Abnehmern gegen eine monatliche Vergütung von 0,50—4 Mk. (je nach der Größe des Zählers) und eine Prüfungsgebühr von 5—30 Mk. mietweise überlassen werden. Das Elektrizitätswerk vermietet auch Elektromotoren gegen tarifmäßig festgesetzte Leihgebühren, welche nach der Größe des Motors und der Benutzungsdauer abgestuft sind und aus einer festen Grundtaxe (von 5—15 Mk.) bestehen.

Freiburg nimmt bezüglich der Preise für Gas= und elektrischen Strom eine mittlere Stellung ein, obwohl es als eine der südlichsten und vom Kohlenrevier am weitesten entfernten Städte des Deutschen Reiches sich keineswegs in günstigen Produktionsverhältnissen befindet.

Eine weitere wichtige Einnahmequelle für die gemeindliche Finanz= wirtschaft bildet der Wald, der im Jahre 1908 z. B. einen Reinertrag von 208 480 Mk. abwarf. Die Holzerträgnisse werden in der Haupt= sache nach rein privatwirtschaftlichen Grundsätzen entweder unter der Hand, oder im Wege der öffentlichen Versteigerung veräußert. Im übrigen läßt sich aber die Stadtverwaltung bei dem Betrieb ihrer Forst= wirtschaft nicht ausschließlich von finanziellen Interessen, sondern in weitgehendstem Maße von gemeinnützigen, insbesondere sozialen und sanitären, sowie von ästhetischen Gesichtspunkten leiten. Freiburg hat auf diesem Gebiete durch die Anlegung eines weitverzweigten Netzes von bequem zu erreichenden Waldfahrstraßen und Waldfußwegen geradezu Großartiges geleistet und den weitesten Bevölkerungskreisen, namentlich

aber den minderbemittelten Klaſſen eine wirklich ideale Erholungs=
ſtätte geſchaffen.

In fünfter Linie iſt ſodann die Gemeindezeitung („Freiburger
Tagblatt“) zu nennen, deſſen Druck= und Verlagsrecht an einen Privat=
unternehmer verpachtet iſt und der Stadtkaſſe jährlich eine Reineinnahme
von 35 000 Mk. bringt. Dadurch, daß die ſtädtiſchen Anzeigen und
Bekanntmachungen alle unentgeltlich aufgenommen werden, erſpart ſich
die Stadt einen weiteren Betrag von etwa 15 000 Mk., ſo daß dieſelbe
mit ihrem Gemeindeblatt ein geradezu glänzendes Geſchäft macht.

Auch die Beurbarung iſt in dieſem Zuſammenhange zu erwähnen,
welche außer der Feſthalle, dem ſtädtiſchen Schwimmbad,
66 Miethäuſer und 303 ha Äcker und Wieſen, die ſtädtiſche Spar=
kaſſe in Betrieb und Verwaltung hat und der Stadtkaſſe jährlich für
gemeinnützige Zwecke den anſehnlichen Betrag von 139 000 Mk. zukommen
läßt. Über die Gebührenſätze bei Benutzung der Feſthalle und des
Schwimmbades, welch beide Einrichtungen in der Regel mit ihren Ein=
nahmen gerade noch die normalen Ausgaben decken können — für Ver=
zinſung und Tilgung des Anlagekapitals braucht nichts mehr aufgewendet
zu werden, da die Bau= bzw. Kaufſumme längſt heimbezahlt iſt —, ſowie
über die Mietzinsfeſtſetzung bei den 222 Kleinwohnungen, die übrigens
ſo billig abgegeben werden, daß die Stadt nicht viel mehr als ihre Selbſt=
koſten herauszuſchlagen vermag, iſt in dem Bericht über die Beurbarung
(S. 80 ff.) das Nähere ausgeführt.

Aus dem Betrieb des Schlacht- und Viehhofs, der keineswegs
als Erwerbsunternehmen beſtimmt, ſondern lediglich als eine im geſundheit=
lichen Intereſſe der Einwohnerſchaft errichtete gemeinnützige Gemeinde=
anſtalt verwaltet wird, erzielte die Stadt in den letzten Jahren auch einen
mäßigen Reingewinn, der z. B. 1908: 9465 Mk. betrug.

Die ſtädtiſche Friedhofkaſſe und die Plakatanſtalt, deren
Gebührenweſen an anderer Stelle (Seite 46 u. 60/61) dargeſtellt wurde,
lieferten in den letzten Jahren ebenfalls kleine Reinerträge ab, die ſich
im Jahre 1908 z. B. auf 7300 Mk. bzw. 5400 Mk. beliefen.

Die elektriſche Straßenbahn hat von 1903—1908 auch einen
Reingewinn (1908: 8364 Mk.) abgeworfen, der aber infolge der erheb=
lichen Erweiterung des Unternehmens und des Ausbaus von unrentablen
Strecken vom Betriebsjahr 1909 ab auf einige Jahre aus dem Budget
verſchwinden wird.

Das Leihhaus ſchlägt einen etwaigen Reingewinn zum Betriebs=
kapital und die Militärbauten (Artilleriekaſernement nebſt Depot-

gebäude und Proviantamt) bringen der Stadt eine Kleinigkeit mehr als die Selbstkosten (für Verzinsung und Tilgung des Baukapitals sowie Unterhaltungskosten) ein, während das Stadttheater und Orchester sowie die Stadtgärtnerei für die Unterhaltung der öffentlichen Anlagen und die Abfuhranstalt, worauf an den betreffenden Stellen jeweils hingewiesen wurde, sehr bedeutende, jedes Jahr wachsende Zuschüsse aus der Stadtkasse (1908: 164 000, 743 000 und 780 000 Mk.) erfordern.

In den letzten beiden Jahren sind auch das Rieselgut und der Stadtgarten zu den Zuschußbetrieben gekommen, während diese Unternehmungen früher, wenn man das Anlagekapital bzw. den Erwerbspreis außer Betracht läßt, einige tausend Mark Überschüsse ablieferten.

Daß die Straßenherstellung und -Unterhaltung in einer größeren aufstrebenden Stadt jedes Jahr stärker die Gemeindewirtschaft belastet, bedarf wohl keiner weiteren Ausführung. Für Herstellung und Unterhaltung der Straßen und Gehwege einschließlich der Kosten für Schnee- und Eisabfuhr, für Besprengung und Reinigung der Straßen sowie an Pachtzinsen für Materiallagerplätze hatte die Stadt Freiburg im Jahre 1908 die gewaltige Summe von rund 372 000 Mk., für die öffentliche Beleuchtung der Straßen, Plätze und Tore 107 500 Mk., für die Unterhaltung und Reinigung der Tiefkanalisation 14 600 Mk., für Reinigung und Reparaturen an Straßenrinnen, Dohlen und den zahlreichen Stadtbächen nahezu 19 000 Mk. und für die allgemeine Unterhaltung der öffentlichen Gewässer und Brücken 11 000 Mk. aufzubringen. In dem Voranschlag für das Jahr 1909 sind an Ausgaben für öffentliche Wege, Plätze, Anlagen und Gewässer nicht weniger als 772 000 Mk. vorgesehen, denen an Einnahmen aus Gebühren für Aufstellung von Bauzäunen auf Gehwegen und Straßen (2120 Mk.) und Beiträgen der Grundstückseigentümer zu den Kosten der Neuanlage und Unterhaltung von Straßen und Gehwegen (25 200 Mk.), sowie der Staatskasse zur Unterhaltung der durch die Gemarkung der Stadt Freiburg ziehenden früheren Landstraßen (21 400 Mk.), insgesamt nur rund 50 000 Mk. gegenüberstehen.

Für die Benützung von Straßen und Gehwegen zu Bauzwecken (Lagerung von Baumaterialien, Aufstellung von Bauzäunen und Tünchergerüsten) erhebt die Stadtkasse laut Verfügung des Stadtrats vom 16. März 1906 folgende Gebühren:

1. Für die Aufstellung eines Bauzaunes nach Ablauf der vom Großherzogl. Bezirksamt dafür bewilligten Frist, spätestens nach Ab-

lauf von 6 Monaten nach Aufstellung des Zaunes, für das Quadratmeter 10 Pf. pro Woche;

2. falls der Bauzaun mehr als 2,5 m in den Straßenraum vorspringt,
für jedes Quadratmeter der weiter in Anspruch genommenen Straßen-
fläche von der Aufstellung an wöchentlich 10 Pf.;

3. für Benützung von Straßenflächen zur Lagerung von Baumaterialien
ohne Aufstellung eines Bauzaunes oder außerhalb eines solchen für
das Quadratmeter ebenfalls wöchentlich 10 Pf.

4. bei Tünchergerüsten für länger als 2 Wochen dauernde Aufstellung
wöchentlich 10 Pf. für das Meter Straßenfront.

An Gebühren gingen ein:

$$1906 \dots \dots 3161 \text{ Mk.}$$
$$1907 \dots \dots 5460 \text{ „}$$
$$1908 \dots \dots 2131 \text{ „}$$

Für die Kanalisation haben die Grundstücksbesitzer nur einmal
eine Kanalabgabe zu bezahlen, und zwar in Höhe von 12 Mk. für jeden
Frontmeter ihres Grundstückes als Beitrag zu den Kosten des Kanal-
netzes, wenn dasselbe überbaut oder Zubehör eines schon bebauten Grundstücks wird. Die Stadt läßt sich im allgemeinen nur ihre Selbstkosten
ersetzen. Alljährlich zu zahlende Benutzungsgebühren werden
in Freiburg im Gegensatz zu den meisten anderen größeren deutschen
Städten mit eingerichteter Kanalisation nicht erhoben, obwohl die
Kanalisationsanlage einschließlich Rieselfelder die Gemeinde bisher auf
5³/₄ Millionen Mark zu stehen gekommen ist.

Die Straßenreinigung wird durch die Stadtverwaltung, und
zwar unentgeltlich besorgt; die Straßenanstößer haben nur die Gehwege
zu reinigen.

Die Straßenunterhaltung erstreckt sich gegenwärtig auf folgende
Flächen:

a) chaussierte Straßen:

96,84 km	Ortsstraßen	mit einer Oberfläche von	6519 a
20,31 „	Feldwege	„ „ „ „	654 „
93,46 „	chaussierte Gehwege	„ „ „ „	2894 „
—	öffentliche Plätze	„ „ „ „	536 „
8,46 „	Kreiswege	„ „ „ „	384 „
5,54 „	Reitwege	„ „ „ „	152 „

Zus. 224,61 km   Zus. 11 094 a

b) gepflasterte Straßen:

12,68 km mit einer Oberfläche von 1135 a

c) Waldfahrstraßen und Waldreitwege:

Fahrstraße auf den Schauinsland	13,0 km	mit einer Oberfläche von			650 a
„ nach St. Ottilien und der Karthaus	10,8 „	„ „	„	„	450 „
desgleichen Hirzberg=Jägerhäusle	3,2 „	„ „	„	„	190 „
Wasserschlößle=Ryburg	6,5 „	„ „	„	„	390 „
Ryburg=Boblesau	3,0 „	„ „	„	„	180 „
Reitwege im Mooswald	4,3 „	„ „	„	„	172 „
Zusammen	40,8 km				2032 a

Der Aufwand pro Quadratmeter der chaussierten und gepflasterten Straßen (237,29 km) beträgt im Jahre 1909 unter Hinzurechnung der Gehälter der Straßenmeister und Straßenwarte 20 Pf. (1908: 18 Pf.) und für die Waldfahrstraßen (40,8 km) 8 Pf.

Wie die Straßenreinigung, so erfolgt in Freiburg auch — im Gegensatz zu den meisten anderen größeren Städten — die Müll= und Kehrrichtabfuhr unentgeltlich durch die Stadt, welche für diesen Betrieb der Abfuhranstalt alljährlich aus allgemeinen Mitteln eine steigende Summe zuschießt, die sich z. B. im Jahre 1908 auf 37 500 Mk. belief und 1909 auf 41 000 Mk. erhöht wurde.

Die Desinfektionsanstalt, welche für unbemittelte Personen die erforderlichen Desinfektionen unentgeltlich ausführt, der Krankentransportwagen, dessen Aufwand zu einem erheblichen Teil (für Arme) ebenfalls aus der Stadtkasse bestritten wird, das öffentliche Untersuchungsamt und die ausschließlich für städtische Zwecke eingerichtete, unter Leitung des Hochbauamts stehende Holzzerkleinerungsanlage in der Uhlandstraße sind gleichfalls Zuschußbetriebe, während die vom Forstamt unterhaltene Anlage im Bohrer, welche auf Wunsch das aus den städtischen Waldungen gekaufte Brennholz zum Preise von 1,75 Mk. das Ster zerkleinert, einen kleinen Überschuß (1907 und 1908 je etwa 100 Mk.) abwirft.

Viertes Kapitel.

Die Ausführung häufig wiederkehrender Arbeiten in eigener Regie.

An solchen Arbeiten kommen hauptsächlich in Betracht: Hochbauten, Straßen- und Gehwegherstellungen, Straßenpflasterungen, Straßenbahnerweiterungen sowie das Legen von Kanalisations-, Wasser- und Gasleitungsröhren.

Die größeren Arbeiten läßt die Stadt Freiburg auf dem Wege der Submission durch private Unternehmer unter Aufsicht der beteiligten technischen Verwaltungsstellen ausführen, während sie die kleineren selbst besorgt.

Die Submission erfolgt nach bestimmten, von den einzelnen technischen Ämtern aufgestellten und vom Stadtrat genehmigten Normativbedingungen. Das städtische Submissionswesen wurde im Jahre 1908 auf Antrag der Handwerkskammer einer Neuregelung unterzogen und dabei die Wünsche des Handwerker- und Gewerbestandes durch Einsetzung einer gemischten Kommission zum Zwecke der Beratung von Fragen allgemeiner Natur und von besonderen Fachkommissionen, denen die Aufgabe zufällt, Probeangebote für die einzelnen Handwerke aufzustellen und dem Stadtrat bei den in Betracht kommenden Arbeitsvergebungen vorzulegen, in weitgehendstem Maße berücksichtigt. Die Wertgrenze für die freihändige Vergebung (bei engerer Vergebung ohne Submissionsausschreiben) wurde von 1000 auf 2000 Mk. erhöht. Die kleinen Stadtarbeiten bis zum Betrag von 1000 Mk. werden nach (zwischen den Bauämtern und der Handwerkskammer) festgestellten Preisverzeichnissen und unter Einhaltung eines gewissen Turnus, wobei jeweils die früher Berücksichtigten (innerhalb der letzten drei Jahre) auszuscheiden haben, nach dem Los verteilt.

Die Hochbauten werden wie die bedeutenderen Straßenherstellungsarbeiten, Straßenpflasterungen, Kanalisations-, Gas- und Wasserleitungsanlagen grundsätzlich alle vergeben; die Vergebung kann auch an gewerbliche Vereinigungen erfolgen. Die Gemeinde führt nur die Hausanschlüsse der Gas- und Wasser- sowie der elektrischen Kabelleitung von der Hauptleitung in die einzelnen Häuser und die Straßenbahnerweiterungen (Bahnkörper und Oberleitung) in eigener Regie aus, weil hierzu ein besonders geschultes Arbeiterpersonal erforderlich ist; in gleicher

Weise wird es gehalten mit weniger umfangreichen Grab-, Straßen-
herstellungs- und Straßenpflasterungsarbeiten.

Man hat mit diesem gemischten System bisher gute Erfahrungen
gemacht, so daß es auch in Zukunft beibehalten werden wird.

Fünftes Kapitel.

Die allgemeine Stellung der Gemeindeverwaltung zu der Frage des Eigenbetriebs.

Die Stadtverwaltung Freiburgs verfolgt schon seit Jahrzehnten den
Grundsatz, daß die wirtschaftlichen Unternehmungen der Gemeinde in
erster Linie dem öffentlichen Interesse und den Zwecken der
Gemeinnützigkeit zu dienen haben und daß daher allein der Selbstbetrieb, sog. Regiebetrieb, das geeignete Wirtschaftssystem sei. Es
dürfte wenige Städte sowohl im Deutschen Reich wie im Ausland geben,
in denen eine wirtschaftliche Tätigkeit der Gemeindeverwaltung so
frühzeitig und nachhaltig eingesetzt hat wie in Freiburg. Schon in einer
Zeit, wo noch das Manchestertum das ganze Staats- und Gemeindeleben
beherrschte, ist man hier mit praktischen Versuchen auf diesem Gebiete
erfolgreich vorgegangen.

Die mit den vielen Gemeindeanstalten im Laufe der Zeit gemachten
Erfahrungen haben nicht nur die Zweckmäßigkeit, sondern auch die Über-
legenheit des Gemeindebetriebs in allen Zweigen der städtischen
Verwaltung erwiesen. Nur beim Selbstbetrieb behält die Stadt jederzeit
die freie Entschließung über die Einrichtung und Ausgestaltung, namentlich auch bezüglich der Preispolitik ihrer wirtschaftlichen Unternehmungen.
Machen sich neue Bedürfnisse geltend, so werden diese nicht lediglich
nach Rentabilitätsrücksichten beurteilt, sondern vom Standpunkt
der Gemeinnützigkeit und des allgemeinen Wohls aus geprüft.

Was nun die einzelnen städtischen Betriebe und Anstalten anbetrifft, so wurden dieselben teils früher, teils später in die Selbstverwaltung übernommen. In neuerer Zeit ist es insbesondere das nicht
hoch genug anzuschlagende Verdienst des seit 21 Jahren an der Spitze des
Gemeinwesens stehenden Oberbürgermeisters, der mit Unterstützung
des Stadtrats und Bürgerausschusses eine großzügige Wirtschafts-
und Sozial-, insbesondere auch Bodenpolitik inaugurierte und

auf diese Weise die Grundlagen für eine gedeihliche Entwicklung der Stadt Freiburg schuf, daß die kommunale Tätigkeit bedeutend erweitert und auf eine Reihe neuer Unternehmungen ausgedehnt wurde.

Das Schlachthaus, Leihhaus, Sparkasse, Festhalle, Stadtgarten und Wasserleitung befanden sich von jeher in Gemeindeverwaltung, ebenso die in den Jahren 1890—91 errichtete Rieselfeldanlage, die Desinfektionsanstalt (1890), die Volksbibliothek und Lesehalle (1900), das Elektrizitätswerk und die Straßenbahn (1901). Im Jahre 1886 hat die Stadt auch mit dem Bau von kleinen und billigen Mietwohnungen in eigener Regie begonnen. Die Häuser wurden — im ganzen bisher 66 mit 222 Wohnungen — von der Stadt mit einem Kostenaufwand von nahezu 1 Mill. Mark auf Rechnung der Beurbarung — eines vom übrigen städtischen Vermögen getrennten Vermögens mit besonderer Zweckbestimmung — erbaut und vermietet und verbleiben im Eigentum der Stadt. Die Errichtung von weiteren 26 Häusern mit zusammen 108 Wohnungen ist nach Bewilligung der erforderlichen Mittel durch den Bürgerausschuß (am 30. Juni 1908) in der nächsten Zeit vorgesehen.

Stadttheater und Gaswerk, welche früher an Gesellschaften verpachtet waren, wurden im Jahre 1868 bzw. 1884, die Abfuhranstalt am 1. Oktober 1887, die Volksküche, welche im Jahre 1880 gegründet worden war, am 1. Oktober 1892, das Marktwesen und die Plakatanstalt am 1. Januar bzw. 1. April 1894, das städtische Arbeitsamt (Arbeitsnachweis) am 1. Juli 1897 und das öffentliche Untersuchungsamt am 1. Juli 1905 in städtische Verwaltung übernommen.

Gegenwärtig ist nur noch das Druck und Verlagsrecht des „Freiburger Tagblattes", welches im Jahre 1831 vom Stadtrat als städtisches Verkündungsblatt und allgemeiner Stadtanzeiger gegründet worden war, gegen einen jährlichen Pachtzins von 36 500 Mk. an eine Druckerei verpachtet.

Das nächste größere gewerbliche Unternehmen, welches die Stadt in eigener Regie ausführen und verwalten will, wird voraussichtlich die Schloßbergdrahtseilbahn sein, welche vom Schwabentor nach dem Kanonenplatz hinaufführen und im Laufe des kommenden Jahres gleichzeitig mit der Umgestaltung der Schwabentoranlagen mit einem Kostenaufwand von etwa 250 000 Mk. erstellt werden soll.

Aus Stadtverordnetenkreisen wurde in der letzten Zeit auch wiederholt die Errichtung einer städtischen Hypothekenbank als Gemeindeanstalt angeregt, welche wie die entsprechenden Institute in Dresden und Düsseldorf den einheimischen Grund und Hausbesitzern bei der Beschaffung des nötigen Hypothekarkredits, insbesondere für zweite Hypotheken an die Hand gehen soll. Das ganze Problem ist jedoch über das Stadium der Prüfung und Beratung im Stadtratskollegium bisher noch nicht hinaus= gekommen.

Ob das von der Stadt projektierte Rheinkraftwerk oberhalb Breisach und die im Zusammenhang damit zu erstellende elektrische Berg= bahn auf dem Schauinsland (1286 m) sowie die Hotelanlage daselbst in Anbetracht der gewaltigen Kosten von 30—35 Mill. Mk. von der Stadt Freiburg allein oder in Verbindung mit einem Finanzkonsortium erbaut werden, wobei sich allerdings jene die Verwaltung vorbehalten würde, ist zur Zeit noch nicht bestimmt; im Bürger= ausschuß mehren sich aber in letzter Zeit die Stimmen, welche die Aus= führung dieser kostspieligen Unternehmungen dem Privatkapital über= lassen wollen. Hervorgehoben mag nur noch werden, daß der Stadtrat schon vor einiger Zeit das Konzessionsgesuch wegen Erbauung des Rheinkraftwerks bei den staatlichen Behörden eingereicht hat.

MIX
Papier aus verantwortungsvollen Quellen
Paper from responsible sources
FSC® C105338

Printed by Libri Plureos GmbH
in Hamburg, Germany